Inhaltsverzeichnis

Kapitel 1: Buchstaben

A Drei schlaue Kekse 8
Wenn zwei sich streiten 9
B Ein alter, netter Baum 10
Prinz Barat 11
C Die Überraschung 12
D Der, die, das 14
Geburtstagswünsche 15
E Die Geschichte mit den Uppsen 16
F Der Geist Festus 18
Die träumende Giraffe 19
G Mein kluger Opa Georg 20
H Hoki, der kleine Orang-Utan 22
Im Lügenland 23
I Die Wahl 24
J Auf dem Schulhof 26
Richtig oder falsch? 27
K Im Schlaraffenland 28
Wer kann was? 29
L Das Hexenfest 30
Lirum, larum, Löffelstiel 31
M Auf Schatzsuche 32
N Hoch die Hände, Wochenende! 34
Ein cooles Piratenschiff 35
O Omas großer Auftritt 36
P Das P war plötzlich ausradiert 38
Meine sonderbaren Träume 39
Qu Quakus, der unzufriedene Frosch 40
R Hokus pokus 42
Zwei in einem 43
S Der verschwundene Zettel 44
T Auf dem Jahrmarkt 46
Mal klein, mal groß 47
U Das Geisterhaus 48
V Wenn ich groß bin … 50
W Ein wunderlicher Wald 52
Wer, wie, was? 53
X Die Hexe Kunigunde 54
Y Theo und das Wimmelbuch 55
Z Ein Fund im Wald 56

Inhaltsverzeichnis

Kapitel 2: Umlaute und ß

Ä Wörter zaubern ... 58
Ö Von einem König, der zu viel aß ... 59
Ü Die Schnecke in der Ecke ... 60
ß Wer bin ich? ... 61

Kapitel 3: Buchstabenkombinationen

ST Was dein Körper alles kann ... 64
Der Horst im Forst ... 65
SP Specht, Spatz und Sperling ... 66
SCH Das Mäuschen in der Schule ... 68
Insektenforscher ... 69
CH Jeder Mensch ist anders ... 70
CK Wir fliegen jetzt ins Märchenland ... 72
AU/ÄU Folge den Spuren! ... 74
EI Eine tolle Suppe ... 76
Herr Buntschuh, wie viele Eier hütest du? ... 77
EU Es war einmal ... 78
IE Jeder macht heut', was er will ... 80
Ein anstrengender Einkauf ... 81
PF Der Lügentropf ... 82
TZ Eine putzige Mütze ... 84
Moritz, Fritz und der Schatz ... 85
NG Die Schlange ... 86
Mal eckig, mal rund ... 87
NK Im Lande Umgedreht ... 88

Kapitel 4: A bis Z

Abc-Merkspruch ... 90
Abc-Abzählreim ... 91
Von A bis Z ... 92
Abc-Fühlgeschichte ... 94

Medientipps ... 96

Ute Schröder

66 Mitmachgeschichten zum ABC

Buchstaben und Buchstabenkombinationen im Anfangsunterricht spielerisch entdecken

Verlag an der Ruhr

Impressum

Titel
66 Mitmachgeschichten zum Abc
Buchstaben und Buchstabenkombinationen im Anfangsunterricht spielerisch entdecken
Klasse 1/2

Autorin
Ute Schröder

Umschlagmotive
Petra Lefin

Illustrationen Innenteil
Petra Lefin

Druck
AZ Druck und Datentechnik GmbH, Kempten, DE

Verlag an der Ruhr
Mülheim an der Ruhr
www.verlagruhr.de

Geeignet für die Klassen 1/2

ISBN 978-3-8346-4867-9

Vorwort

Liebe Leser*innen,

das Spiel ist für alle Kinder bis zum Beginn der Schulzeit die vorrangige Aktivität. Im Spiel lernen die Kinder, sie entdecken die Welt. Mit dem Eintritt in die Schule beginnt für die Kinder das intensive Lernen. Für den Deutschunterricht heißt das: Lesen und Schreiben lernen. Das Lernen geht am schnellsten, wenn die Kinder selbst aktiv sind, wenn sie mit Freude dabei sind, wenn ihnen eine Aktivität Spaß macht.

Warum also nicht im Deutschunterricht mit Buchstaben, Wörtern und Sprache spielen? Warum nicht das Interesse der Kinder für Geschichten und ihren Bewegungsdrang nutzen?

Diese **66 Mitmachgeschichten** vereinen genau diese Aspekte. Speziell für den Anfangsunterricht, für den herausfordernden Übergang der Kinder von der Kita in die Schule und für das Lernen des Abc bietet Ihnen dieses Buch einen reichen Fundus an Geschichten und Ideen, die Sie spielerisch nutzen können. Im Spiel mit der Sprache werden die folgenden Aspekte gefördert und weiterentwickelt:

- Grundwortschatz
- Wortbildung
- Erzählen
- Phonologische Bewusstheit
- Artikulation
- Hörverstehen
- Sinnerfassung
- Denken in Zusammenhängen
- Interesse an Sprache
- Sprechfreude

Damit die Mitmachgeschichten spannend und abwechslungsreich bleiben, sind in diesem Buch eine Vielzahl verschiedener **Geschichtenarten** zu finden. Diese werden zum Teil unter **„Weitere Ideen"** mit anderen Geschichtenarten kombiniert, sodass Sie viele Geschichten auf verschiedene Weise nutzen können.

Geschichtenarten:

- Bewegungsgeschichten
- Reaktionsgeschichten
- Spielgeschichten
- Rätselgeschichten
- Rate-Reimgeschichten
- Reimgeschichten zum Ergänzen
- Quatschgeschichten
- Lückengeschichten
- Fehlergeschichten
- Geräuschgeschichten
- Geschichten mit Höraufgabe
- Geschichten zum Weitererzählen
- Geschichten zum Wetteifern
- Geschichten für Stuhlkreisspiele
- Geschichten für Mannschaftsspiele
- Buchstaben-Such-Geschichten
- Wörter-Such-Geschichten
- eine Zungenbrechergeschichte
- eine Fühlgeschichte

* Der Verlag an der Ruhr legt großen Wert auf eine geschlechtergerechte und inklusive Sprache. Daher nutzen wir das Gendersternchen, um sowohl männliche und weibliche als auch nichtbinäre Geschlechtsidentitäten einzuschließen. Alternativ verwenden wir neutrale Formulierungen. In Texten für Schüler*innen finden sich aus didaktischen Gründen neutrale Begriffe bzw. Doppelformen.

Vorwort

Die einzelnen Mitmachgeschichten sind übersichtlich auf je einer bzw. zwei Seiten angeordnet. Sie enthalten gegebenenfalls kurze **Materialangaben** und sind mit praktischen **Tipps, Hinweisen** und **Ideen zum Weitermachen** versehen. Die Geschichten werden in **vier Kapiteln** zusammengefasst:

1. Buchstaben
2. Umlaute und ß
3. Buchstabenkombinationen
4. A bis Z

In den **ersten drei Kapiteln** finden Sie eine oder zwei Geschichten zu jedem Buchstaben des Alphabetes, zu allen Umlauten und zu oft verwendeten Buchstabenkombinationen.
Diese sind …

- in Übungswörtern in den Geschichten eingearbeitet,
- verschlüsselt und müssen von den Kindern erkannt werden,
- von den Kindern zur Wörtersuche, passend zum Geschichteninhalt, zu nutzen
- oder von den Kindern durch die Ableitung von Reimwörtern zu bilden.

Ein Hinweis in der oberen, linken Ecke zeigt Ihnen bei jeder Geschichte an, welche Stellung bzw. Stellungen **(An-, In- und Endlaut)** der Buchstabe oder die Buchstabenkombination in den Übungswörtern hat bzw. haben.

Das letzte **Kapitel „A bis Z"** können Sie nutzen, wenn die Kinder das ganze Alphabet mit allen Buchstaben kennen. Zum einen finden Sie darin Reime zum Üben der Reihenfolge des Alphabetes, zum anderen Geschichten zum Erkennen der einzelnen Buchstaben.

Ich wünsche Ihnen und Ihren Kindern viel Spaß beim Spiel mit diesen Geschichten.

Ute Schröder

Kapitel 1: Buchstaben

An-, In-, Endlaut

A a Drei schlaue Kekse

Material:
ein Gegenstand, der ein kurzes, lautes Geräusch machen kann
(z. B. Hupe, Buzzer, Quietschente, Schlüsselbund …)

So geht es:
Fordern Sie die Kinder auf, genau zuzuhören und den fehlenden Buchstaben in der Geschichte zu erkennen, ohne ihn sofort zu nennen. Sie lesen die Reimgeschichte langsam vor, wobei Sie den Buchstaben A/a jeweils durch ein vorher vereinbartes Geräusch ersetzen. Wurde der Buchstabe von den Kindern erkannt, lesen Sie die Geschichte noch einmal vollständig vor.

Drei Kekse gehen heut' **sp_zieren**.
Die Sonne scheint so **wunderb_r**.
Sie **l_chen** froh, **t_nzen** umher.
Dies freut im Busch den **St_r**.
Die Sonne steigt, es wird sehr **w_rm**.
Die Kekse legen sich ins **Gr_s**.
Sie **schl_fen** ein und **schn_rchen** los.
Vorbei ist gleich der **Sp_ß**.
Die Füllung weicht, sie fließt **d_von**,
mmh, süße **Schokol_de**.

Die Kekse sind nun **fl_ch** und **n_ckt**.
Dies ist wirklich **sch_de**.
Doch die Kekse sind recht **schl_u**
und wissen sofort **R_t**.
Sie gönnen sich im **Schokom_tsch**
ein klebrig süßes **B_d**.
Schon ist die **Schokol_de**
der Kekse wieder **d_**,
nicht innen, sondern **_ußen**.
Sie rufen stolz: „**Hurr_!**"

Weitere Ideen:

- Stellen Sie den Kindern gezielte Fragen:
  - Was machen die Kekse beim Spaziergang? *(spazieren, lachen, tanzen, schlafen, schnarchen)*
  - Was könnten die Kekse noch machen? Die Kinder finden weitere Verben mit dem Buchstaben A/a im An- oder Inlaut (*z. B. angeln, malen …*).
  - Wie sehen die Kekse aus? *(flach, nackt)*
  - Wie könnten die Kekse noch aussehen? Die Kinder finden weitere Adjektive mit dem Buchstaben A/a im An-, In- oder Endlaut *(z. B. alt, schmal, lila …)*.
- Kennen die Kinder bereits weitere Vokale, machen Sie eine Quatschgeschichte daraus. Lesen Sie die Geschichte dann mit einem anderen Vokal vor.
- Fordern Sie die Kinder auf, lustige Namen von Schokoladensorten zu finden, die mit dem Anlaut A beginnen *(z. B. Ananasschokolade, Abendbrotschokolade, Ameisenschokolade …)*.

Tipp:
Lassen Sie sich den Lösungsbuchstaben von jedem Kind ins Ohr flüstern oder aufschreiben, um bei allen Kindern die Richtigkeit überprüfen zu können.

An-, Inlaut

A a Wenn zwei sich streiten

Material: *keines*

So geht es:
Sie lesen die Geschichte langsam vor. Fordern Sie die Kinder auf, während des Vorlesens genau zuzuhören. Erkennen die Kinder ein Wort mit A/a im Anlaut, sollen sie laut mit den Füßen auf den Boden stampfen. Auf Ihr Handzeichen hören die Kinder damit auf und Sie lesen weiter.

Es waren einmal ein Zwerg namens **Aki** und ein Riese namens **Alibaba**. Die beiden stritten von morgens bis **abends**. Nie waren sie einer Meinung, immer mussten sie sich gegenseitig ärgern und beschimpfen. **An** einem Tag im **April** trafen sich die beiden **auf** der Brücke, die über den Fluss führte. **Aki** kam, fröhlich pfeifend, **aus** dem Wald und hatte einen **Ast** in der Hand. Daran würde er seinen Fisch spießen und über dem Feuer brutzeln, den er mit seiner **Angel** gefangen hatte. Der Riese **Alibaba** war in der Stadt **Annabach** im Wirtshaus gewesen. Er hatte immer großen **Appetit**. Diesmal gab es **als** Vorspeise einen **Ameisensalat**. Der Hauptgang bestand **aus** einer ganzen **Antilope** und einer großen Keule vom **Alligator**. Zum Nachtisch **aß** er noch fünf **Ananas** und trank ein ganzes Fass **Apfelsaft**. Nun standen sich der Zwerg und der Riese **auf** der schmalen Brücke gegenüber. Keiner wollte dem **anderen** Platz machen. Der Zwerg wollte nach **Annabach**, der Riese wollte in den Wald.

„He, du Wicht, lass mich vorbei!“, rief der Riese, die **Arme** in die Hüften gestemmt.
„He, du **Affe**, lass du mich vorbei!“, **antwortete** der Zwerg frech. Der Riese beugte sich hinunter und sah dem Zwerg in die **Augen**. Dann sagte er drohend: „Das ist ja **allerhand**. Ich mach dich platt.“ „Ha“, lachte **Aki**, „du bist so **alt** und träge, du würdest mich nie erwischen.“
„Das werden wir ja sehen“, **antwortete** der Riese und schlug mit der Faust nach dem Zwerg. Das hatte der Zwerg kommen sehen und huschte durch die Beine von **Alibaba**.
„Wenn du mich suchst, du langsamer **Angeber**, ich bin schon lange hier drüben.“
Der Zwerg winkte dem Riesen von der **anderen** Seite der Brücke zu. Der Riese stampfte so zornig mit dem Fuß **auf**, dass die Brücke zusammenbrach. Der große **Alibaba** und der kleine **Aki** stürzten mitten hinein ins kalte Wasser und sie husteten und prusteten.

Weitere Ideen:

- Fragen Sie die Kinder, was der Riese Alibaba noch gegessen haben könnte. Jedes Wort soll mit A/a beginnen. Lassen Sie auch unsinnige Wörter zu.
- Lesen Sie die Geschichte noch einmal vor. Fordern Sie die Kinder auf, Wörter mit A/a im Anlaut zu finden. Stoppen Sie dazu nach jedem Satz. Die Kinder zeigen durch Kopfschütteln oder Kopfnicken an, ob in dem Satz ein gesuchtes Wort zu finden ist und nennen es gegebenenfalls laut.
- Legen Sie an der Tafel eine Tabelle mit zwei Spalten an, die die Anzahl des Buchstabens A/a in einem Wort anzeigt. Die Kinder ordnen die entsprechenden Wörter der richtigen Spalte zu. Lassen Sie jeweils ein Kind die Buchstaben A/a in einem Wort an der Tafel unterstreichen.

2 x	3 x
Apfelsaft	Alibaba
Alligator	Annabach
allerhand	Ananas

An-, Inlaut

B b Ein alter, netter Baum

Material: *keines*

So geht es:

Fordern Sie die Kinder auf, während Sie die Geschichte vorlesen, die passenden Reimwörter zu ergänzen. Geben Sie den Hinweis, dass alle Reimwörter mit dem Buchstaben B/b beginnen. Sprechen Sie vorher mit den Kindern ab, ob Ihnen alle Kinder gemeinsam die Reimwörter zurufen sollen oder immer nur ein Kind an der Reihe ist.

Die Geschichte glaubt man kaum.
Es war einmal ein alter … ***(Baum)***.
Er war groß, nicht wie ein Zwerg,
und stand auf einem hohen … ***(Berg)***.
Dieser Baum war ein ganz netter.
Er trug viele Tausend … ***(Blätter)***.
Doch oh, Schreck, du meine Güte,
er besaß nur eine … ***(Blüte)***.
Sie war wunderschön und rot
und so riesig wie ein … ***(Brot/Boot)***.
Dahin fuhr ein Zug auf Schienen.
Diesen nutzten fleißig … ***(Bienen)***.
Auf dem Kopf ein buntes Tuch,
lasen sie im Zug ein … ***(Buch)***.
Und ich sag euch, glaubt es mir,
manchmal tranken sie auch … ***(Bier)***.

Doch der Baum bot noch viel mehr.
Im Stamm wohnte ein gelber … ***(Bär)***.
In seiner Höhle, wirklich nett,
stand ein klitzekleines … ***(Bett)***.
Das war nicht eckig, sondern rund
und angemalt war es ganz … ***(bunt)***.
Jeden Abend, immer wieder,
kam zu Besuch ein alter … ***(Biber)***.
Er kletterte bis hoch zur Krone
und aß dort eine grüne … ***(Bohne)***.
Er genoss im Baum die Stille.
Sonntags trug er eine … ***(Brille)***.
Genauso ist's am Baum gewesen.
Ich schwör's bei meinem **Hexen**… ***(besen)***.

Weitere Ideen:

- Stellen Sie den Kindern gezielte Fragen:
  - Welche Tiere werden in der Geschichte genannt? *(die Bienen, der Bär, der Biber)*
  - Welche Tiere gibt es noch, die mit dem Anlaut B beginnen? *(z. B. der Blauwal, der Buntspecht, die Bisamratte …)*
    Geben Sie einen Hinweis auf die Dinosaurier, bei denen viele Namen mit dem Buchstaben B beginnen *(z. B. der Brontosaurus, der Barosaurus, der Brachiosaurus …)*.
  - Welche Tiere gibt es mit dem Buchstaben b im Inlaut? *(z. B. der Rabe, die Robbe, die Libelle …)*
- Fordern Sie die Kinder auf, zu dem Wort die Blüte möglichst viele verwandte Wörter zu finden *(z. B. blühen, verblüht, geblüht, der Blütenzauber)*.
- Nutzen Sie das letzte Wort in der Geschichte und bilden Sie mit den Kindern eine Wortkette *(z. B.* Hexen*besen* – Besen*stiel* – Stiel*augen …)*.

Tipp:
Machen Sie beim Vorlesen der Reimgeschichte in der letzten Zeile das Handzeichen für „Ich schwöre!“.

An-, In-, Endlaut

B b Prinz Barat

Material:
ein Stift und ggf. eine Kopie der Geschichte zum Eintragen

So geht es:
Erklären Sie den Kindern, dass im Text Wörter fehlen und Sie gemeinsam mit ihnen die Quatschgeschichte fertigschreiben müssen. Dazu sollen Ihnen die Kinder Gegenstände nennen, die den Buchstaben B/b im An-, In- oder/und Endlaut beinhalten. Hat ein Kind sein Wort genannt, bestimmt es die Stellung des Buchstabens im Wort. Tragen Sie die Wörter der Reihe nach in die Platzhalter ein und lesen Sie die Geschichte anschließend vor.

Barat lebte in einem Schloss. Das Schloss hatte zehn Türme und auf jedem Turm wehte ein/eine .... In dem Schloss gab es 100 Zimmer. Jedes Zimmer war ausgestattet mit .... und .... Das Schloss war so groß, ein Fremder hätte sich darin verlaufen. Barat aber kannte sich aus, denn Barat war der Sohn des Königs. Und Prinzen mussten Dinge lernen, die normale Kinder nicht lernen mussten. Einige davon machten dem Prinzen Spaß, wie das Reiten auf einem/einer .... , das Fechten mit dem/der .... oder das Jagen mit dem/der .... Andere Dinge fand Barat entsetzlich langweilig. Dazu gehörte das vornehme Essen mit .... und .... Genauso wenig mochte er die langen Unterrichtsstunden mit seinem Lehrer, der immer ein*e*en .... auf dem Kopf trug. Barat spielte viel lieber im Schlosspark. Der Schlossgärtner hatte den Park sehr schön angelegt. Es gab Blumenbeete, darauf wuchsen .... und .... Es gab einen Irrgarten, in dessen Mitte ein*e .... stand und in dem man Verstecken spielen konnte. Es gab sogar einen Schlossteich. Darin schwammen .... und .... An den Bäumen im Park hingen .... und .... Manche trugen sogar .... Im Schlosspark konnte der Prinz ein richtiger Junge sein. Mit seinem Freund, dem Sohn des Gärtners, spielte er manchmal Schatzsucher und sie suchten nach .... oder verborgenen .... Oder sie spielten Erfinder und bauten sich aus alten Dingen ein*e .... Oder sie tobten mit ihren .... einfach über die Wiesen. Wenn Barat ins Schloss zurückkehrte, sah er nicht mehr wie ein Prinz aus, sondern wie ein normaler, aber dreckiger Junge.

Weitere Idee:
Lesen Sie die Geschichte noch einmal vor und lassen Sie die Kinder an den gekennzeichneten Stellen sinnvolle Nomen einsetzen.

Tipp:
Reichen die Lücken für die Kinder Ihrer Klasse nicht aus, erweitern Sie die Gegenstände in dem Satz mit den Blumenbeeten.

C c Die Überraschung

Material:
ein Gegenstand, der ein kurzes, lautes Geräusch machen kann *(z. B. Hupe, Buzzer, Quietschente, Schlüsselbund …)*

So geht es:
- Fordern Sie die Kinder auf, genau zuzuhören und herauszufinden, welchen Buchstaben alle fehlenden Wörter im Anlaut oder Inlaut haben.
- Lesen Sie die Geschichte vor und ersetzen Sie dabei die in Klammern stehenden Wörter durch ein Geräusch.
- Lassen Sie einzelne oder alle Kinder die Frage nach dem fehlenden Buchstaben beantworten.
- Fordern Sie die Kinder auf, beim wiederholten Lesen der Geschichte die fehlenden Wörter zu ergänzen. Sprechen Sie vorher mit den Kindern ab, ob Ihnen alle Kinder gemeinsam das Wort zurufen sollen oder immer nur ein Kind an der Reihe ist. Sollte kein Kind das gesuchte Wort finden, geben Sie entsprechende Hinweise.

Wie jeden Freitag kam Herr Froh erst spät von der Arbeit nach Hause. Doch diesmal nicht mit seinem schicken Auto ohne Dach, dem ***(Cabrio)***. Er kam mit einem Wohnmobil gefahren und parkte damit direkt vor dem Haus. Als er das Wohnzimmer betrat, saß seine Frau **C**laudia auf der ***(Couch)*** und las ein Buch. Nebenbei löffelte sie Schokoladen-***(Eiscreme)*** aus einem Becher. **C**indy, seine Tochter, spielte ein Spiel am ***(Computer)***. Dabei aß sie ihre Lieblingsknabberei frisch aus der Mikrowelle: süßes ***(Popcorn)***.
Herr Froh rief ins Wohnzimmer: „Überraschung!“, und zeigte dabei auf das Fenster.
Mutter und Tochter flitzten sofort hin und sahen hinaus. „Der gehört uns über das ganze lange Wochenende“, verkündete er stolz.
Cindy staunte Bauklötzer und meinte: „Das ist ja irre, total abgefahren, echt ***(cool)***.“
Frau Froh fragte ungläubig: „Wir fahren zum ***(campen/Camping)***?“ „Jawohl“, antwortete Herr Froh, „raus aus der ***(City)*** und rein in die Natur. Das wird bestimmt herrlich.“
„Das war doch auch bestimmt teuer“, meinte Frau Froh zu ihrem Mann **C**hristian.
„Ach nein, ich habe nicht einen ***(Cent)*** dafür bezahlt. Das Wohnmobil hat mir der Sohn meines Onkels, mein ***(Cousin)***, geborgt.“
Cindy war schon ganz aufgeregt und plapperte los: „Fahren wir an die Ostsee oder in die Berge? Sind da richtige Betten drin? Darf meine Freundin **C**harlotte auch mitkommen? Und was nehme ich da alles mit? Wenn wir in der Natur sind, brauchen wir viel Proviant. Zum Trinken am besten mein Lieblingsgetränk, süße ***(Cola)***. Und zum Lesen nehme ich einen witzigen ***(Comic)*** mit.“
Und dann fing auch noch Frau Froh an. „Also ich brauche …“ „Stopp!“, rief Herr Froh. „So geht das nicht. Das wird ja ein heilloses Durcheinander! Wenn der ganze Wochenendausflug nicht im ***(Chaos)*** enden soll, brauchen wir einen Plan.“ **C**indy und ihre Mutter **C**laudia sahen sich an. Dann riefen sie gemeinsam im ***(Chor)***: „Jawohl!“ Und dann schmiedeten sie einen guten Plan für ein tolles Wochenende.

An-, Inlaut

C c Die Überraschung

Weitere Ideen:

- Kennen die Kinder bereits das ganze Alphabet, legen Sie eine Tabelle an, in der Sie die Wörter nach den verschiedenen Sprechweisen des Lautes C ordnen und die Sie für die Sammlung weiterer Wörter nutzen können. Geben Sie den Kindern den Hinweis, dass einige Wörter von anderen Sprachen abstammen und deshalb anders gesprochen als geschrieben werden, z. B. *cool* (engl.) oder *Cousin* (franz.).

gesprochen wie „K“	gesprochen wie „S“	gesprochen wie „Sch“
das Cabrio, die Couch, die Eiscreme, der Computer, das Popcorn, cool, das Camping, der Cousin, die Cola, der Comic, das Chaos, der Chor, Claudia, Christian	die City, der Cent, Cindy	Charlotte

- Welche Namen haben die Personen, die in der Geschichte genannt werden? *(Cindy, Claudia, Christian, Charlotte)*
- Fordern Sie die Kinder auf, weitere Vornamen mit dem Anlaut C zu finden *(z. B. Colin, Christoph, Clemens, Clara, Carolin)*.
  Ordnen Sie die genannten Namen ebenfalls in die Tabelle ein. Kann ein Kind seinen genannten Namen schreiben, lassen Sie es ihn in die Tabelle eintragen.
- Stellen Sie den Kindern die folgenden kleinen Rätsel, um weitere Wörter mit dem Anlaut C zu finden:

Mich will man sehr gern besuchen. Bei mir gibt's Torten, Eis und Kuchen.
(das Café)

Ich bin ein sehr altes Reptil. Mit meiner Zunge fang' ich viel.
(das Chamäleon)

Ich kann Quatsch und Späße machen. Über mich kann man stets lachen.
(der Clown)

Anlaut

d Der, die, das

Material: *keines*

So geht es:

- Lesen Sie die Reimgeschichte vor.
- Lassen Sie die Kinder schätzen, wie viele Wörter mit dem Anlaut **d** darin vorkommen. *(17, davon 2-mal* **der** *und 2-mal* **die***)*
- Bestimmen Sie, entsprechend Ihrem Raum, vier Orte *(z. B. vier Zimmerecken oder Fenster/Tür/Heizkörper/Tafel),* die möglichst weit voneinander entfernt sind und ordnen Sie den Orten eine Buchstabenanzahl von zwei bis fünf zu.
- Fordern Sie die Kinder auf, von einem genannten Wort die Buchstabenanzahl zu bestimmen und schnell an den entsprechenden Ort zu rennen.
- Stehen alle Kinder richtig, halten Sie den Daumen nach oben und Sie nennen das nächste Wort mit einer anderen Buchstabenanzahl.
- Stehen alle oder einige Kinder falsch, halten Sie den Daumen nach unten und lassen das Wort von den Kindern buchstabieren und den richtigen Ort aufsuchen.

Tipps:

- Das Wort **deiner** hat sechs Buchstaben. Verwenden Sie es trotzdem als kleine Herausforderung.
- Wenn die Kinderanzahl Ihrer Klasse zu hoch ist, teilen Sie die Kinder in zwei Gruppen und verwenden Sie weitere Wörter *(z. B. den, dem, des, dann, darf, dies, drei, dahin, davon, diese, dabei, durch).*

Der, **d**ie, **d**as,
es war einmal ein Glas.
Du, **d**ir, **d**ich,
darin schwamm ein Fisch.
Da und **d**ort,
auf einmal war er fort.
Deiner, **d**ein und **d**eine,
der Fisch bekam wohl Beine.
Dafür und **d**arum,
ist **d**ie Geschichte **d**umm.

Weitere Idee:

Bilden Sie mit den Kindern mehrere Kleingruppen. An jede Kleingruppe verteilen Sie sechs Notizzettel. Auf fünf Zettel schreibt jede Gruppe jeweils den Buchstaben **d, e, r, s, a**. Durch Vertauschen der Anordnung der Zettel in einer Reihe, durch Weglassen und Hinzufügen der Buchstaben finden die Gruppen möglichst viele Wörter mit diesen Buchstaben. Die gefundenen Wörter schreibt jede Kleingruppe auf den sechsten Zettel.

Welche Gruppe hat am Ende die meisten Wörter gefunden? *(Mögliche Wörter sind: er, der, da, das, es, des, rase, Rad.)*

Nach Bedarf können Sie die Buchstabenzettel reduzieren oder mit neuen Buchstaben erweitern.

An-, In-, Endlaut

D d

Geburtstagswünsche

Material: *keines*

So geht es:
Sie lesen die Reimgeschichte ohne die in Klammern stehenden Reimwörter vor. Die Kinder ergänzen die Reimwörter während Ihres Vortrages im Chor.

Ein Geburtstag ist beliebt,
weil es da Geschenke gibt.
Darum lasst uns überlegen,
welches Geschenk könnten wir geben?
Wie wäre eine Tüte **Wind**
für unser **Geburtstags**… ***(kind)***?
Auch ganz toll, vom **Ostseestrand**,
wäre eine Schippe … ***(Sand)***.
Eine Sahnetorte, die wiegt 20 **Pfund**,
leider ist sie dann wirklich nicht … ***(gesund)***,
doch ich gebe allen Gästen **kund**:
die schmeckt sicher jedem … ***(Mund)***.
Oder, aus dem **Märchenland**,
ein Zauberspiegel für die … ***(Wand)***,
ein Trampolin ganz rot und **rund**
oder einen kleinen … ***(Hund)***?
Wenn alle dann beisammen **sind**,
singen wir ein Lied **ge**… ***(schwind)***
und gratulieren mit **Verstand**
jeder mit der rechten … ***(Hand)***.

Weitere Ideen:

- Kennen die Kinder bereits das ganze Alphabet, erstellen Sie gemeinsam mit den Kindern eine Übersicht an der Tafel mit den vorhandenen Reimwörtern. Markieren Sie die Endlaute **d**.

der Wind das Kind sind geschwind	der Strand der Sand das Land die Wand der Verstand die Hand	das Pfund gesund kund der Mund rund der Hund

- Fordern Sie die Kinder auf, weitere Reimwörter zu finden. Ergänzen Sie nur Wörter mit dem Endlaut **d** in der Übersicht und machen Sie auf den Endlaut **t** aufmerksam, wenn Wörter mit diesem genannt werden.
- Jedes Kind soll sich einen Geburtstagswunsch überlegen, dessen Wort den Buchstaben **D/d** im An-, In- oder/und Endlaut beinhaltet.

An-, In-, Endlaut

E e Die Geschichte mit den Uppsen

Material: *keines*

So geht es:

Erklären Sie den Kindern, dass in der Geschichte ein „Upps" alle Wörter mit einem bestimmen Anfangsbuchstaben verschluckt hat, den die Kinder erkennen sollen (E/e). Sie lesen die Geschichte ohne die in Klammern stehenden Wörter vor. Danach lassen Sie sich den gesuchten Buchstaben und den Namen des Tieres, welches ausgerissen ist, von jedem Kind ins Ohr flüstern oder aufschreiben. Lesen Sie die Geschichte noch einmal ohne die in Klammern stehenden Wörter vor. Nach jedem Satz mit einem „Upps" stoppen Sie und lassen die Kinder das richtige Wort nennen.

Achtung: Wörter, die mit dem Laut ei beginnen, werden nicht berücksichtigt.

Karl, der Pfleger, hatte gerade die **Uppse** ***(Elefanten)*** gefüttert, da klingelte sein Handy. Er telefonierte und so bemerkte er nicht, dass der kleinste **Upps** ***(Elefant)*** durch die offene Tür davonstapfte. Nun konnte der **Upps** ***(Elefant)*** zum **uppsten** ***(ersten)*** Mal allein durch den Zoo spazieren. Der **Upps** ***(Elefant)*** fühlte sich groß und wichtig.

Als das Jungtier am Gehege der großen **Uppse** ***(Elche)*** vorbeistolzierte, sahen diese ihm verwundert nach. Dann rollten die **Uppse** ***(Elche)*** mit ihren braunen Augen und schüttelten ihre Köpfe mit den mächtigen Geweihen, die wie große Schaufeln aussahen. Der kleine **Upps** ***(Elefant)*** wedelte nur mit seinen großen, hängenden Ohren und stapfte weiter.

Das hatte eine **Upps** ***(Elster)*** beobachtet, die auf einem Ast saß. Auch sie schüttelte verwundert ihren Kopf. Dann widmete die **Upps** ***(Elster)*** sich wieder ihrem schwarzen Gefieder und dem weiß leuchtenden Bauch, welches sie mit ihrem Schnabel ordnete. Nebenbei hielt sie Ausschau nach glitzernden Dingen. Der graue **Upps** ***(Elefant)*** war indessen schon am Teich der **Uppse** ***(Enten)*** angekommen. Die schwammen umher und tauchten mit ihren Köpfen unter Wasser, sodass ihre Schwänze nach oben ragten. Warum machen die **Uppse** ***(Enten)*** das, fragte sich der kleine **Upps** ***(Elefant)*** und tauchte seinen langen Rüssel ins Wasser. Doch kaum hatte der Ausreißer von dem Teichwasser gekostet, spuckte der **Upps** ***(Elefant)*** alles wieder aus und schüttelte sich. Das Wasser war trüb und schmeckte **uppsig** ***(eklig)***.

Der kleine **Upps** ***(Elefant)*** spazierte weiter, direkt am Gehege der grauen und braunen **Uppse** ***(Esel)*** entlang. Die ließen sich das Heu an der Futterstelle schmecken. Als der **Upps** ***(Elefant)*** das duftende Heu roch, knurrte ihm der Magen. Der Ausreißer versuchte mit seinem Rüssel durch den Zaun danach zu greifen, doch die **Uppse** ***(Esel)*** im Gehege riefen empört: „I-A!" und wollten ihm in den Rüssel beißen. Ängstlich rannte das Jungtier davon. Doch wohin sollte der **Upps** ***(Elefant)*** laufen? Wo war sein Zuhause? Wo war Karl? Sein Magen knurrte und der **Upps** ***(Elefant)*** wollte am liebsten eine ganze Wagenladung Heu **uppsen** ***(essen)***. Da hörte der kleine Ausreißer seinen Namen rufen, drehte sich um und sah Karl. Der winkte ihm mit einem Laib Brot. Der kleine **Upps** ***(Elefant)*** war nicht mehr zu halten und rannte los, hin zu seinem Pfleger. Karl musste einen Sprung zur Seite machen, sonst hätte der kleine graue **Upps** ***(Elefant)*** ihn glatt umgerannt.

E e Die Geschichte mit den Uppsen

Weitere Ideen:

- Tragen Sie gemeinsam mit den Kindern alle genannten Tiere zusammen. Schreiben Sie die Namen untereinander in der Einzahl und ohne die Artikel an die Tafel. Markieren Sie den Buchstaben E/e. Fordern Sie die Kinder auf, die Mehrzahl der Wörter zu bilden und ergänzen Sie die Endungen. Markieren Sie die dazugekommenen Buchstaben e.

  Elefanten

  Elche

  Elstern

  Enten

  Esel

- Welche Tiere mit dem Anfangsbuchstaben E kennen die Kinder noch? *(z. B. der Eber, die Echse, das Emu, das Erdmännchen …)* Lassen Sie die Kinder die Tiere ebenfalls in der Einzahl und Mehrzahl mit dem entsprechenden Artikel nennen.

- Machen Sie aus der Geschichte ein Bewegungsspiel nach dem Prinzip des Spieles „Reise nach Jerusalem", auch bekannt als „Stuhlpolonaise". Stellen Sie dazu mit den Kindern einen Stuhlkreis, wobei die Sitzflächen nach außen gerichtet sind. Aus Platzgründen ist auch eine doppelte Stuhlreihe, Lehne an Lehne, möglich. Es muss ein Stuhl weniger als mitspielende Kinder sein. Die Kinder bewegen sich in einer von Ihnen vorgegebenen Bewegungsform *(Laufen, Hüpfen, Vierfüßlergang, Rückwärtslaufen …)* um den Stuhlkreis herum. Sie lesen die Geschichte mit den „Uppsen" ohne die in Klammer stehenden Wörtern vor. Bei jedem „Upps" setzen die Kinder sich schnell auf einen freien Stuhl. Das Kind, das keinen Platz findet, scheidet aus. Ein Stuhl wird entfernt und Sie lesen die Geschichte weiter vor.
  Um das Spiel spannender zu machen, lesen Sie an einigen Stellen, an denen die Kinder das „Upps" erwarten, das richtige Wort vor.

Anlaut

f

Der Geist Festus

Tipp:
Klären Sie vorher mit den Kindern, was Adjektive sind:
Wie kann ein Mensch/Tier sein oder aussehen? *(z. B. freundlich, faul, fürchterlich …)*
Wie kann ein Gegenstand aussehen? *(z. B. feucht, farbig, flauschig …)*

Material:
ein Stift und ggf. eine Kopie der Geschichte zum Eintragen

So geht es:
Erklären Sie den Kindern, dass im Text einige Adjektive fehlen und Sie gemeinsam mit ihnen die Quatschgeschichte fertigschreiben müssen. Dazu sollen Ihnen die Kinder Adjektive mit dem Anlaut f nennen. Tragen Sie die Wörter der Reihe nach an den markierten Stellen ein und lesen Sie die Quatschgeschichte anschließend vor.

Festus, der Geist, wohnte in einer verlassenen .... Burg in einem .... Wald. Festus war zwar alt, doch immer noch ein sehr .... und .... Geist. Er lebte glücklich und zufrieden in seiner .... Burg. Eines Tages bebte im ganzen Wald die Erde. Festus flog durch den .... Kaminabzug nach draußen und musste mit ansehen, wie die Erde aufriss und die .... Mauern seiner Burg darin versanken. Nun war sein .... Zuhause vom Erdboden verschluckt. Wohin sollte Festus nun fliegen? Er musste sich eine neue Burg suchen. Und wenn er schon umziehen musste, dann sollte es eine .... und .... Burg sein. Festus schwebte davon. Nach zwei Tagesreisen entdeckte er auf einem .... Berg eine andere Burg. Sie war zwar nicht so groß wie die alte, aber sie war .... und .... Dort wollte der Geist sein Glück versuchen. Er flog über das .... Dach und suchte einen .... Eingang. Bald hatte er eine offene Dachluke gefunden. Der .... Dachboden war super. Überall standen .... Möbel und .... Gerümpel herum. Sogar eine .... Hängematte schaukelte zwischen Holzbalken hin und her und der Geist wollte sich gleich hineinlegen. „Halt!“, rief da plötzlich eine .... Stimme. Überrascht stoppte Festus in der Luft. Da tauchte aus der Hängematte das .... Gesicht eines Jungen auf. Der riss die .... Augen auf und fragte: „Wer bist du?“ „Festus.“ „Und was bist du?“ „Ein Geist.“ „Ein echter Geist? Cool!“ Der Junge schwang seine .... Beine über den Rand der Hängematte und klopfte mit seiner .... Hand einladend neben sich. Festus setzte sich vorsichtig neben den Jungen und fragte: „Darf ich vielleicht hier wohnen?“ „Na klar!“, antwortete der Junge begeistert. Festus strahlte. Nun hatte er ein neues Zuhause und einen .... Freund gefunden.

In-, Endlaut

f ff

Die träumende Giraffe

Material: *keines*

So geht es:
Sie lesen die Reimgeschichte ohne die in Klammern stehenden Reimwörter vor. Die Kinder ergänzen die Reimwörter während Ihres Vortrages im Chor. Fragen Sie die Kinder, was alle Reimwörter gemeinsam haben (den doppelten Mitlaut ff) und wie der Buchstabe davor gesprochen wird. Sprechen Sie noch einmal gemeinsam alle Reimwörter.

In Afrika träumt die **Giraffe**,
sie könnte klettern wie ein … ***(Affe)***.
Sie segelte mit einem **Schiff**
zu einem wunderschönen … ***(Riff)***.
Sie träumt von vielen großen **Büffeln**,
die alle an der Erde … ***(schnüffeln)***.
Sie träumt von ihren vielen **Neffen**,
wie sie sich zum Shoppen … ***(treffen)***.

Dann kaufte sie, das wär' der **Treffer**,
eine Tüte scharfen … ***(Pfeffer)***.
Der machte dann aus alt und **schlaff**
alles wieder jung und … ***(straff)***.
Die träumende Giraffe kann das alles **hoffen**,
denn in jedem Traume steht die Welt ihr …
(offen).

Weitere Idee:
Nutzen Sie die Reimwörter aus der Geschichte für ein Bewegungsspiel. Teilen Sie die Kinder in zwei Gruppen. Die Kinder sitzen sich in jeweils einer Linie mit ausgestreckten Beinen im Abstand von ca. 5 bis 10 Meter gegenüber. Sie nennen jeweils ein Wort mit f oder ff in unregelmäßiger Reihenfolge.
Hören die Kinder ein Wort mit ff, wechseln sie schnell die Seiten und setzen sich wieder hin. Die Gruppe, die zuerst wieder sitzt, erhält einen Punkt. Sieger ist am Ende die Gruppe mit den meisten Punkten.
Möchten Sie den Schwierigkeitsgrad erhöhen, verwenden Sie die neuen Wörter mit den Buchstaben ff.

Wörter mit f: der Ofen, der Hof, schief, der Saft, das Schaf, der Brief, der Käfer, der Verkauf, die Strafe, der Käfig, schlafen, das Sofa, die Hefe, der Hafen, die Tafel
Wörter mit ff aus der Reimgeschichte: die Giraffe, der Affe, das Schiff, das Riff, der Büffel, schnüffeln, die Neffen, treffen, der Treffer, der Pfeffer, schlaff, straff, hoffen, offen
Neue Wörter mit ff: die Waffel, der Auspuff, der Kaffee, die Kartoffel, der Löffel, der Puffer, der Stoff, öffnen, der Offizier, der Pfiff, die Staffel, die Ziffer, zoffen, kläffen, der Koffer, raffen, gaffen

Tipp:
Für mehr Abwechslung in dem Bewegungsspiel ändern Sie die Ausgangs- und Endposition der Kinder nach einigen Runden *(z. B. Schneidersitz, Hocke, liegend)*.

An-, Endlaut

G g ig Mein kluger Opa Georg

Material: *keines*

So geht es:
Fordern Sie die Kinder auf, aus dem Nomen im Satz das jeweilige passende Adjektiv am Satzende abzuleiten. Sie lesen je einen Satz vor, wobei Sie das in Klammern stehende Adjektiv weglassen. Die Kinder rufen das gesuchte Wort laut im Chor.

Mein Opa Georg ist ein kluger Mann.
Ich kann ihn alles fragen und er weiß immer eine Antwort.
Er kennt auch Wörter, die ich noch nie gehört habe und erklärt sie mir.

Seid ihr auch so schlau?

Wenn ein Mensch **Güte** zeigt und anderen Menschen Gutes tut,
ist er … ***(gütig)***.
Wenn eine Schlange mit **Gift** beißen kann,
ist sie … ***(giftig)***.
Wenn man **Glibber** auf seiner Hand verteilt,
wird die Hand … ***(glibberig)***.
Wenn ein Mensch **Geiz** zeigt und nie etwas abgeben will,
ist er … ***(geizig)***.
Wenn man das **Geschwätz** anderer Leute überall weitererzählt,
ist man … ***(geschwätzig)***.
Wenn man eine Kette aus **Gold** in die Sonne legt,
glänzt sie … ***(goldig)***.
Wenn ein Mensch **Gier** zeigt und immer mehr von etwas haben will,
ist er … ***(gierig)***.
Wenn ein König **Gnade** walten ließ,
war er … ***(gnädig)***.

Weitere Ideen:

- Legen Sie an der Tafel eine Tabelle mit den gefundenen Wörtern an und markieren Sie oder die Kinder den Buchstaben G/g und die Endung -ig in jedem Wort.

die **G**üte	**g**üt**ig**
das **G**ift	**g**ift**ig**
der **G**libber	**g**libber**ig**
der **G**eiz	**g**eiz**ig**
das **G**eschwätz	**g**eschwätz**ig**
das **G**old	**g**old**ig**
die **G**ier	**g**ier**ig**
die **G**nade	**g**näd**ig**

G g ig Mein kluger Opa Georg

- Fordern Sie die Kinder auf, weitere Wörter zu einem Wortpaar zu finden *(z. B. das Gold – goldig, golden, vergolden, der Goldbarren)*. Diese Aufgabe eignet sich auch gut für die Arbeit in Kleingruppen. Welche Gruppe findet die meisten Wörter zu einem Wortpaar? Die gefundenen Wörter können Sie in der Tabelle ergänzen und ebenfalls den Buchstaben G/g in jedem Wort markieren.
- Auch aus Verben kann man Adjektive mit der Endung -ig bilden. Nutzen Sie die folgenden Verben und bringen Sie ein bisschen Bewegung in den Unterricht. Spielen Sie „Bankrutschen“: Die Kinder stehen paarweise in einer Reihe oder an ihrem 2er-Tisch. Sie nennen das erste Verb für das erste Paar. Das Kind, das das Adjektiv richtig nennt, stellt sich neben das folgende Paar. Sie nennen nun den drei Kindern das nächste Verb und das Kind mit der schnellsten richtigen Lösung geht wieder zu dem darauffolgenden Paar. Wer konnte am Ende am weitesten gehen?

Verben zum Bilden von Adjektiven mit der Endung -ig:

zappeln, krakeln, gruseln, wackeln, nörgeln, rutschen, knittern, gammeln, leben, schmusen, krabbeln, zittern, faulen, kleben, stinken, würzen, wässern, salzen, streiten, kratzen, knuspern, schwindeln, trauern, spaßen, stimmen

- Sind die Kinder mit Freude dabei, die Verben jedoch aufgebraucht, setzen Sie das Spiel fort und ändern Sie die Aufgabenstellung: Findet möglichst schnell ein Wort mit dem Buchstaben G im Anlaut zu dem genannten Thema!

Themen zur Wörtersuche mit dem Anlaut G:

ein Name, eine Farbe, ein Instrument, ein Beruf, ein Gemüse, eine Vogelart, ein Kleidungsstück, eine Speise, eine Süßigkeit, ein Getränk, eine Sportart, eine Wettererscheinung, ein Fahrzeug, ein Körperteil, ein Spielzeug, eine Zeichentrickfigur, ein Tier, eine Pflanze, ein Baum, ein Obst, ein Insekt, ein Gegenstand

Anlaut

H h Hoki, der kleine Orang-Utan

Material: *keines*

So geht es:
Erklären Sie den Kindern, dass sie diese Geschichte gemeinsam erzählen. Es kann eine sinnvolle Geschichte oder eine lustige Quatschgeschichte werden. Die Kinder sollen an den gekennzeichneten Stellen die passenden oder unpassenden Wörter ergänzen. Bestimmen Sie dazu den Anlaut H/h, mit dem die Wörter beginnen sollen. Lassen Sie entweder der Reihe nach jedes Kind ein Wort nennen oder die Kinder rufen Ihnen die Wörter zu.

Hoki ist ein kleiner Orang-Utan und lebt mit seiner großen Affenfamilie im Dschungel. Sein Vater, das Oberhaupt, ist der größte und stärkste Affe und heißt ? .
Die Mutter hat Hoki immer im Auge und passt auf, dass er nicht ? .
Hoki hat ganz viele Brüder und Schwestern, mit denen er oft ? .
Seine Geschwister bringen ihm zum Spielen manchmal ein/eine/einen ? .
Oder sein älterer Bruder nimmt ihn mit zum ? .
Mit seinen langen Armen und Beinen kann der kleine Affe prima klettern und besonders gern klettert er in den/das/die ? .
Hoki kann auch weit springen. Manchmal springt er bis zu den ? .
Wenn er Lust hat, schaukelt er sogar im Dschungel. Er springt an eine Liane und schwingt sich hin und her wie ein ? .
Hat der Orang-Utan Hunger, findet er an den Bäumen frische ? und ? .
Aber auch auf dem Boden wachsen viele Dinge, die Hoki gut schmecken, zum Beispiel ? oder ? .

Ist der kleine Affe müde, kuschelt er sich an seine Mutter. Deren Fell ist ganz ? und ? .
Dort fühlt sich Hoki sehr wohl und kann beruhigt einschlafen. Vielleicht träumt er von ? .
Oder er träumt, wie er gerade ? .
Hokis Vater wacht über die ganze Familie. Er sitzt im Baum mit einem/einer ? .
Wenn Gefahr droht, fängt er an, zu ? .
Doch meistens ist es im Dschungel friedlich und ? .
Am Morgen wird Hoki von der Sonne geweckt und zuerst muss er ? .
Danach ist wieder Zeit zum ? .

Weitere Idee:
Da Kinder Affen meist sehr mögen, bietet diese Geschichte einen guten Erzählanlass. Wie sieht ein Orang-Utan aus? Welche Affenarten gibt es noch? Was fressen sie? Was können sie? Was habt ihr im Tierpark beobachtet?

Tipp:
Diese Geschichte eignet sich auch zum Üben anderer Buchstaben. Bestimmen Sie einen anderen Anlaut, mit dem die fehlenden Wörter beginnen sollen.

Inlaut

h Im Lügenland

Material: *keines*

So geht es:

Variante 1 *(Wenn den Kindern das Alphabet noch nicht vollständig bekannt ist.)*:
Sie lesen die Reimgeschichte ohne die in Klammern stehenden Reimwörter vor. Die Kinder ergänzen die Reimwörter während Ihres Vortrages im Chor. Begleiten Sie Ihren Vortrag, besonders bei den gesuchten Verben, mit Mimik und Gestik, dann fällt den Kindern das Finden der Wörter leichter. Fragen Sie die Kinder danach, was alle Reimwörter gemeinsam haben (den Inlaut **h**). Sprechen Sie noch einmal gemeinsam und betont alle Reimwörter.

Variante 2 *(Wenn den Kindern das ganze Alphabet bekannt ist.)*:
- Erklären Sie den Kindern, dass in der Geschichte manche Reimwörter fehlen, die sich alle auf das Wort **sehen** reimen.
- Tragen Sie gemeinsam an der Tafel Reimwörter zusammen.
- Markieren Sie den Inlaut **h** bei den entsprechenden Wörtern.
- Lesen Sie die Geschichte ohne die in Klammern stehenden Reimwörter vor.
- Die Kinder ergänzen die fehlenden Reimwörter mithilfe des Tafelbildes im Chor.
- Ergänzen Sie eventuell noch fehlende Reimwörter aus der Geschichte an der Tafel.

Wir reisen jetzt ins Lügenland,
dort gibt es viel zu **sehen**.
Wir können fliegen oder reiten
fahren oder … ***(gehen)***.
Die Bäume wachsen ganz verrückt,
verkehrt herum sie **stehen**.
Und bläst ein starker Wind heran,
sieht man die Wurzeln … ***(wehen)***.
Die Vögel haben grüne Flossen,
bitten nur und **flehen**,
sitzen fest im Wurzelnest.
Wo gibt es Hilfe zu er… ***(spähen)***?

Frösche tragen Nagellack
auf ihren scharfen **Zehen**.
Sonntags können sie damit
den Rasen gründlich … ***(mähen)***.
Und wer jetzt denkt, das stimmt doch nicht,
der sollte erst mal **sehen**,
wie tausend kleine Spinnen,
sich Schneeanzüge … ***(nähen)***.
Und solltet ihr noch immer zweifeln,
müsst ihr zum Lügenkönig **gehen**.
Der baut ein Karussell aus Schleim
und wird euch damit … ***(drehen)***.

Weitere Ideen:
- Fordern Sie die Kinder auf, zu allen Verben ein männliches und ein weibliches Nomen zu finden *(z. B. sehen – der Seher, die Seherin)*. Welche Verben eignen sich dazu nicht?
- Fordern Sie die Kinder auf, mithilfe von Vorsilben und Verbzusätzen aus einem Verb andere Verben zu bilden *(z. B. gehen – begehen, zergehen, angehen)*. Fällt den Kindern das Bilden neuer Verben schwer, tragen Sie zuerst mögliche Vorsilben und Verbzusätze zusammen *(z. B. be-, ver-, zer-, ent-, ab-, an-, auf-, zu-, vor-)*.

I i Die Wahl

Material:
ein Gegenstand, der ein lautes Geräusch erzeugt, wenn die Kinder darauf schlagen *(z. B. Buzzer, Rahmentrommel …)*; zwei Gegenstände, die für die Kinder gut sichtbar und mit einer Hand zu halten sind *(z. B. Softbälle, Tafelschwämme …)*; ein kleiner Tisch oder eine Kiste

So geht es:
Die Kinder sitzen im Stuhlkreis. Der Tisch steht in der Mitte. Darauf liegt der Gegenstand, mit dem das Geräusch erzeugt wird *(z. B. Buzzer)*. Sie verteilen die zwei Gegenstände *(z. B. Softbälle)* an zwei sich gegenübersitzende Kinder.
Erläutern Sie die Spielregeln: „Ich lese euch eine Geschichte vor. Darin sind viele Namen mit dem Buchstaben I/i enthalten, Vor- und Nachnamen. Das I/i kann mal am Anfang, in der Mitte oder am Ende stehen. Immer wenn ihr einen Namen mit I/i hört, rennen die zwei Kinder, welche einen Softball in der Hand halten, zur Mitte und schlagen auf den Buzzer. Wer ist schneller? Dann setzen sich die zwei Kinder wieder hin und geben den Softball an ihre rechten Nachbarkinder weiter, die beim nächsten Wort an der Reihe sind. Dann lese ich die Geschichte weiter vor. Ihr müsst genau zuhören und schnell reagieren."

„Jetzt seid doch endlich mal leise!", rief Frau **Brise** in die Klasse. „Setz dich auf deinen Platz, **Nils**!"
Da meldete sich **Isabell**. „Hast du eine Idee?", fragte die Lehrerin. „Ja", antwortete **Isabell**. „Jeder, der Klassensprecher oder jede, die Klassensprecherin werden will, soll aufstehen und sagen warum." „Das ist eine prima Idee", meinte Frau **Brise**. „Also bitte, wer möchte dieses Amt annehmen?" Sofort standen acht Kinder auf und zwar: Ranga, **Elli**, **Fabian**, Paula, **Isaak**, **Matthi**, Esma und Jonas. Die Lehrerin fragte: „Warum möchtest du Klassensprecher werden, **Fabian**?" „Weil ich der Größte in der Klasse bin", antwortete der. „So ein Quatsch!", rief **Ida**. „Alle dürfen ihre Meinung sagen, also redet nicht rein!", ermahnte Frau **Brise**. „Ich will Klassensprecher werden", sagte **Matthi**, „weil ich der Schnellste bin." „Blödsinn, ich bin viel schneller", behauptete **Miriam**. „Kinder, so geht das nicht", sagte Frau **Brise** kopfschüttelnd. „Ich habe euch doch erklärt, welche Aufgaben ein Klassensprecher oder eine Klassensprecherin hat. Es geht nicht darum groß, schnell oder schön zu sein." Da meldete sich **Isabell** wieder: „Ich habe noch eine Idee. Alle schreiben den Namen des Kindes auf, das Klassensprecher oder Klassensprecherin werden soll." „So machen wir es, **Isabell**. Und wer die meisten Stimmen erhält, der wird gewählt", sagte die Lehrerin. „Kann ich mich auch selbst aufschreiben?", fragte **Ivo**. „Nein, das ist Betrug", behauptete **Leoni**. „Nein, das stimmt nicht", meinte Frau **Brise**. „Jeder kann sich auch selbst wählen." „Das mache ich!", sagte Samuel und grinste seinen Freund **Ali** an. Inzwischen hatte die Lehrerin Zettel verteilt und die ersten Kinder schrieben bereits einen Namen darauf. „Sollen wir den Vornamen und den Nachnamen aufschreiben?", fragte **Sophia**. „Der Vorname genügt", sagte die Lehrerin, Frau **Brise**. Dann wartete sie einige Minuten. „Sind alle fertig?", fragte sie schließlich. „Ich komme jetzt herum und ihr werft eure Zettel in diese Schachtel!" Wieder am Lehrertisch angekommen, bat die Lehrerin **Isabell**: „Komm bitte nach vorn. Du überprüfst, ob alles seine Richtigkeit hat. Und so ging Frau **Brise** vor: Sie nahm immer einen Zettel und zeigte ihn **Isabell**. Dann las sie den Namen laut vor und legte für jeden Namen einen Stapel an. Sie las:

I i Die Wahl

„Ranga, **Isabell**, Paula, **Isaak**, **Tim**, **Isabell**, **Matthi**, **Isabell**, Ranga, **Miriam**, Samuel, Esma, **Isabell**, **Ali**, **Isabell**, **Isabell**, Svetta, Ranga, **Milo**, **Isabell**, Paula, **Matthi** und noch einmal **Isabell**." Das Mädchen neben dem Lehrertisch wurde rot im Gesicht, während Frau **Brise** die Zettel zählte. Dann sagte sie: „Das ist ein eindeutiges Ergebnis. Sieger mit acht Stimmen ist **Isabell**." Jetzt wurde das Mädchen vor lauter Aufregung noch röter. „Möchtest du die Klassensprecherin für unsere Klasse werden?", fragte Frau **Brise**. Das Mädchen nickte zustimmend und sofort fingen einige Kinder der Klasse an zu klatschen. „Dann gratuliere ich dir zu deiner Wahl, **Isabell**", sagte die Lehrerin und schüttelte ihr die Hand. Nun applaudierten alle Kinder und stampften dabei sogar mit den Füßen auf den Boden, zur Freude von **Isabell**.

Weitere Ideen:

- Legen Sie an der Tafel eine Tabelle mit drei Spalten für den Anlaut, den Inlaut und den Endlaut I/i an. Die Kinder ordnen die Vornamen richtig zu. Sie tragen die Namen in die Tabelle ein und markieren die Buchstaben I/i in jedem Wort.

Anlaut	Inlaut	Endlaut
Isabell	Fabian	Elli
Isaak	Miriam	Matthi
Ida	Sophia	Leoni
Ivo	Tim	Ali
	Milo	

- Welche Vornamen mit dem Buchstaben I/i gibt es in unserer Klasse? Ergänzen Sie die Namen in der Tabelle.
- Welche weiteren Vornamen finden die Kinder in ihren Familien?
- Teilen Sie die Kinder in drei Kleingruppen. Jede Gruppe findet möglichst viele Namen mit dem An- und/oder In-, Endlaut I/i. Die erste Gruppe sucht männliche Vornamen, die zweite weibliche Vornamen und die dritte Gruppe Nachnamen.

Tipp:
Weisen Sie die Kinder bei genannten Namen, die mit ie oder y geschrieben werden, darauf hin und erklären Sie, dass es auch mehrere Schreibweisen von Vornamen und Nachnamen geben kann.

Anlaut

Jj Auf dem Schulhof

Material: *keines*

So geht es:
Erklären Sie den Kindern, dass in der Geschichte immer derselbe Buchstabe fehlt. Für diesen Buchstaben steht jeweils der Buchstabe K/k. Die Kinder sollen beim Hören der Geschichte herausfinden, welcher Buchstabe fehlt (J/j). Legen Sie fest, wie die Lösung erfolgen soll (aufschreiben, ins Ohr flüstern oder laut sagen). Sie lesen die Geschichte mit den falschen Buchstaben vor. Die Kinder geben ihre Lösung bekannt.
Lesen Sie alle Textpassagen mit den falschen Wörtern noch einmal vor und lassen Sie die Kinder die richtigen Wörter nennen.

Es ist Hofpause. **(K)**akob sitzt auf der Bank neben dem kleinen Fußballplatz und spielt mit seinem **(K)**o-**(K)**o. Er ist neu in der Schule und kennt die anderen Kinder nicht. Da kommt **(K)**asmin herangeschlendert und setzt sich zu ihm. **(K)**akob weiß, dass sie in seiner Klasse ganz vorn am Fenster sitzt. „Na", sagt **(K)**asmin, „willst du nicht mit den anderen **(K)**ungen Fußballspielen?" **(K)**akob freut sich, dass ihn endlich **(k)**emand beachtet und antwortet: „Nö, ich finde es langweilig, einem Ball hinterherzu**(k)**agen. Da unterhalte ich mich viel lieber mit dir." Doch dann ist Stille. Keiner weiß, was er sagen soll. Auf dem Fußballplatz fällt ein Tor. **(K)**ohann, der Schütze, **(k)**ubelt. Ein anderer **(K)**unge **(k)**apst nach Luft.
(K)asmin schaut sich ihren Klassenkameraden **(k)**etzt genauer an. „Du hast ein cooles **(K)**o-**(K)**o", stellt sie fest. „Die roten Lichter darauf finde ich super." **(K)**akob **(k)**uckt sich am Kopf und meint: „Die Lichter wechseln ihre Farbe, wenn ich besonders schnell spiele."
„**(K)**a, das habe ich gerade gesehen", sagt **(K)**asmin beeindruckt. „Das **(K)**o-**(K)**o habe ich dieses **(K)**ahr zum Geburtstag bekommen." „Wann hast du denn Geburtstag?" „Im **(K)**uli, am zweiten." „Ich habe einen Monat eher, im **(K)**uni, auch am zweiten." „Dann bin ich einen Monat **(k)**ünger als du", stellt **(K)**akob fest. Und so unterhalten sich die beiden Kinder noch eine ganze Weile, bis das Klingeln die Pause beendet. Als sie zusammen ins Schulgebäude laufen, sagt **(K)**asmin: „Du bist echt nett." „Danke", meint **(K)**akob etwas verlegen, „du aber auch."

Weitere Ideen:
- Welcher Monatsname beginnt noch mit dem Anfangsbuchstaben J? Können wir gemeinsam alle Monatsnamen der Reihe nach zusammentragen?
- Über was könnten sich die Kinder noch unterhalten haben? Alle Themen sollen mit dem Buchstaben J beginnen *(z. B. Joghurt, Japan, Judo, Johannisbeeren, Juwelen, Jaguare …)*.

Tipp:
Unterrichten Sie eine leistungsstarke Klasse, verraten Sie vorher nicht, dass der Buchstabe J/j durch den Buchstaben K/k ersetzt wird. Lassen Sie die Kinder beide Buchstaben herausfinden.

Anlaut

J j Richtig oder falsch?

Material: *keines*

So geht es:
Die Kinder sitzen im Stuhlkreis. Um jeden Stuhl muss ausreichend Platz zum Laufen sein. Sie lesen jeweils zwei Aussagen vor. Sind diese richtig, laufen die Kinder schnell einmal um ihren eigenen Stuhl und setzen sich wieder hin. Sind die Aussagen falsch, laufen die Kinder 3-mal um den eigenen Stuhl.

Jede Säge hat eine Sprosse.
Jeder Vogel schwimmt mit der Flosse. *(falsch)*

Jedes Fenster hat einen Griff.
Jeder Käpt'n führt ein Schiff. *(richtig)*

Jedes Auto hat ein Bein.
Jede Feder ist aus Stein. *(falsch)*

Jede Maus hat einen Rüssel.
Jedes Zelt braucht einen Schlüssel. *(falsch)*

Jedes Haar hat eine Spitze.
Jeder Arzt kennt eine Spritze. *(richtig)*

Jeder Baum hat einen Stamm.
Jeder Hahn trägt einen Kamm. *(richtig)*

Jede Leiter hat ein Rad.
Jeder Herd steht im Bad. *(falsch)*

Jedes Haus hat ein Dach.
Jeder Schrank besitzt ein Fach. *(richtig)*

Jede Wespe hat einen Stachel.
Jede Fliese heißt auch Kachel. *(richtig)*

Jedes Kind hat einen Namen.
Jede Frucht trägt neuen Samen. *(richtig)*

Weitere Ideen:

- Erklären Sie den Kindern, dass sich in einem Satz das Pronomen jeder immer dem Nomen anpasst. Nennen Sie jeweils das Subjekt einer Aussage mit dem dazugehörigen Artikel. Die Kinder ordnen die richtige Form **(jeder/jede/jedes)** zu. Fassen Sie danach noch einmal die Regeln zusammen.

  der → jeder

  die → jede

  das → jedes

- Führen Sie das Bewegungsspiel mit einfachen Sätzen noch einmal durch. Jedes Kind denkt sich einen richtigen oder falschen Aussagesatz aus, der mit dem Wort jeder, jede oder jedes beginnt. Jeweils ein Kind sagt seinen Satz laut, die anderen Kinder laufen entsprechend einmal oder 3-mal um ihre Stühle.

- Mit dem Buchstaben J/j im Anlaut gibt es im Verhältnis zu anderen Buchstaben nur wenige Wörter. Finden die Kinder noch weitere, bisher nicht genannte Wörter? *(z. B. ja, die Jacke, jetzt, jagen)*

An-, In-, Endlaut

K k Im Schlaraffenland

Material: *keines*

So geht es:

- Sie lesen die Reimgeschichte ohne die in Klammern stehenden Reimwörter vor. Die Kinder ergänzen die Reimwörter während Ihres Vortrages im Chor.
- Anschließend erklären Sie den Kindern, dass in dieser Geschichte besonders viele Wörter mit dem Buchstaben K/k vorkommen. Die Kinder sollen herausfinden, an welcher Stelle der Buchstabe in jedem Wort steht: am Anfang, in der Mitte oder am Ende. *Achtung:* Wörter mit der Buchstabenverbindung ck werden nicht berücksichtigt.
- Für jede Stellung des Buchstaben legen Sie eine Bewegungsform fest *(z. B.* ***Anlaut*** *– Hampelmann,* ***Inlaut*** *– um die eigene Achse drehen,* ***Endlaut*** *– Strecksprung).*
- Die Kinder verteilen sich mit ausreichend Abstand im Raum.
- Sie nennen nacheinander die fett markierten Wörter aus der Geschichte und die Kinder führen die vereinbarten Bewegungen aus.
- Sprechen Sie die letzten Wörter in schneller Folge, sodass die Kinder bei der Wahl und Koordination der Bewegungen zusätzlich herausgefordert werden.

Neulich hatt' ich einen Traum,
total verrückt, man glaubt es **kaum**.
Ich war im Schlaraffenland,
das euch allen **wohlbekannt**.
Davon will ich euch erzählen,
doch manchmal mir die Worte fehlen.
Dann ratet ihr schnell, eins, zwei, drei,
und ruft das richt'ge Wort herbei.
Ich lief mit meinem Wanderstock,
da **kam** gefahren eine … ***(Lok)***.
Aus **Kuchen** war sie, äußerst schick
und spielte noch dazu … ***(Musik)***.
Damit fuhr ich, ratz und fatz,
in einen **Park** zum Spiel… *(platz)*.
Dann **winkte** ich der **Lok** zum **Dank**
und setzte mich auf eine … ***(Bank)***.
Die war ziemlich **krumm** und weiß
und dick belegt mit **Kokos**… ***(eis)***.
Ferkel flogen, **kross** und braun,
über einen **Birken**… ***(baum)***.
Ein **Käfer** biss in meine Wade,
der war ganz aus … ***(Schokolade)***.
Ich **kostete** ein **Käferbein**
und schob es in den Mund … *(hinein)*.
Dann staunte ich: „Mann, oh, Mann,
was man hier spiel'n und essen … ***(kann)***."
Die Wippe war aus **Keks** gebaut
und der Sitz aus **Sauer**… ***(kraut)***.
Der **Sandkasten**, der riesengroße,
war gefüllt mit Himbeer… *(soße)*.
Darauf schwammen Erdnussflips
und **knusprige Kartoffel**… ***(chips)***.
Die **Schaukel**, ganz aus Mayonnaise,
war eingezäunt mit **Stinker**… ***(käse)***.
Das **kleine** Spielehaus, das hatte
Fenster ganz aus Zucker… *(watte)*.
Das Dach war voller Spiegelei,
die Türen aus **Kartoffel**… ***(brei)***.
Doch das Beste an dem Orte:
ein **Karussell** aus Erdbeer… *(torte)*.
Im Schlaraffenland ist's **stark**
und **kostet keine** müde … ***(Mark)***.

Tipp:
Es gibt zwei Wörter: das Kokoseis, der Keks, die den Buchstaben K/k im An- und Inlaut beinhalten. Lassen Sie die Kinder selbst herausfinden, dass sie in diesen Fällen zwei Bewegungen abwechselnd machen müssen.

Anlaut

k Wer kann was?

Material: *keines*

So geht es:
Sie lesen die Reime ohne die in Klammern stehenden Reimwörter vor. Die Kinder ergänzen die Reimwörter während Ihres Vortrages im Chor. Danach fragen Sie die Kinder, mit welchem Anlaut alle Verben in der ersten Zeile jeder Strophe beginnen. (k) Welche Verben mit dem Anlaut k haben sich die Kinder gemerkt? Die Kinder nennen die entsprechenden Verben, wobei sie besonders den Anlaut k deutlich sprechen. Sie ergänzen zum Schluss eventuell vergessene Wörter aus dem Text.

Kochen, kleckern, kosten
können alle Köche.
Ganz beliebt in Frankreich
sind frittierte … ***(Frösche)***.

Kriechen, krabbeln, kitzeln
kann ein jeder Käfer.
Das ärgert die Schafherde,
den Hund und auch den … ***(Schäfer)***.

Kratzen, klettern, krallen
können alle Katzen.
Dazu haben sie
ganz genau vier … ***(Tatzen)***.

Knabbern, knuspern, kreischen
kann jeder Kakadu.
Eine harte Nuss
zerlegt er dir im … ***(Nu)***.

Kauen, käuen, kalben
können alle Kühe.
Das bereitet ihnen
nur ein bisschen … ***(Mühe)***.

Kichern, klatschen, kämmen
kann ein jedes Kind.
Die Ziege kann das leider nicht,
auch nicht Schwein und … ***(Rind)***.

Weitere Idee:
Lesen Sie die ersten zwei Zeilen der letzten Strophe noch einmal vor. Fordern Sie die Kinder auf, weitere Tätigkeitswörter mit dem Anlaut k zu finden. Was können Kinder noch? *(z. B. kneten, klopfen, kaufen, kuscheln …)*
Nennen die Kinder Verben, die mit dem Anlaut g beginnen, nutzen sie diese zum bewussten Sprechen des Anlautes g und k. Wie würden die Wörter mit dem Buchstaben k im Anlaut klingen? *(z. B. gehen – kehen, gießen – kießen, geben – keben)*

Tipp:
Klären Sie mit den Kindern die Bedeutung von Wörtern, die einigen unklar sein könnten *(z. B. frittieren, der Kakadu, kalben, [wieder]käuen)*.

Anlaut

L l Das Hexenfest

Material: *keines*

So geht es:
Sie lesen die Geschichte langsam vor. Die Kinder gehen kreuz und quer durch den Raum. Wenn die Kinder ein Wort mit L/l im Anlaut hören, setzen sie sich schnell auf den Boden. Sie stoppen mit dem Vorlesen und sprechen das Wort noch einmal gemeinsam im Chor. Danach lesen Sie weiter und die Kinder laufen wieder umher.

„Komm jetzt endlich herunter!“, rief Hexe **Lucie** nach oben. Doch die kleine Hexe **Lia** machte sich gar nichts daraus. Sie flog immer wieder mit ihrem **leichten** Besen um den Schornstein des Hexenhauses und **lachte** fröhlich dabei. „Ich verwandele dein Kleid in eine hässliche Froschhaut, wenn du nicht sofort hier bist“, drohte **Lucie**. Da bremste die kleine Hexe ihren Besen in der **Luft** und setzte zur **Landung** an. „Das wurde aber auch Zeit“, schimpfte die Hexe mit ihrer Tochter. „Jetzt zieh dich schnell um und bringe deine **liederlichen** Haare in Ordnung! Das Fest beginnt in einer Stunde und wir werden wieder zu spät kommen.“
Lia schwebte in ihr Zimmer und zog ihr schönstes Kleid an, das natürlich ihre **Lieblingsfarbe** hatte: ein **leuchtendes Lila**. Doch was sollte sie mit ihren widerspenstigen Haaren anstellen? Die kleine Hexe hatte rote, **lange** Haare mit unzähligen **Locken.** Sie überlegte nicht **lang** und murmelte: „Hexa, texa, **lorilox**, werd‘ zu einem schönen Zopf!“
Dann sauste sie zur Tür hinaus und schwang sich hinter ihre Mutter auf deren **Luxusbesen**. Der Besen war eine Sonderanfertigung und hatte zwei Sitze aus feinstem **Leder**. Außerdem war er mit einem **leistungsstarken** Motor und einem **Lenkrad** ausgestattet.
Und schon flogen sie **los**. Ihr Ziel **lag** mitten im Schwarzwald auf einer großen **Lichtung**. Schon von Weitem entdeckten die beiden Hexen den Ort, denn überall in den Bäumen rings um den Festplatz hingen **Laternen**. Das Fest war schon in vollem Gange. Einige Hexen tanzten um das **Lagerfeuer**, andere hexten die **leckersten** Speisen herbei. **Lucie** roch **Libellensuppe**, gebratene Froschschenkel, Spinnenpudding, frittierte **Läuse** und in Teig gebackene fette **Larven**.
Lia war froh, dass die Wetthexspiele noch nicht begonnen hatten. Das war immer sehr **lustig** und es wurde nie **langweilig**. Wer konnte am schnellsten aus einem **Löwenzahn** einen Prinzen hexen? Wer hatte den schönsten Hexenhut? Wer den **lässigsten** Hexenbesen?
Lia und ihre Mutter konnten zwar keinen Wettbewerb gewinnen, doch sie hatten trotzdem gute **Laune**. Sie hexten, tanzten, sangen und **lachten** mit den anderen Hexen, die ganze **lange** Nacht. Erst im Morgengrauen wurde es **leiser** und **leiser** und **leiser** und **leiser** und …

Weitere Idee:
Fordern Sie die Kinder auf, möglichst viele zusammengesetzte Nomen zu ausgewählten Wörtern der Geschichte zu finden *(z. B. die Luft – der Luftballon – die Luftblase – die Luftmatratze)*.

Tipp:
Sprechen Sie im letzten Satz das Wort leiser jedes Mal ein wenig leiser, bis Sie nur noch flüstern.

An-, In-, Endlaut

L l ll Lirum, larum, Löffelstiel

Material:
DIN-A4-Blätter und Stifte (je nach Anzahl der Kleingruppen)

So geht es:

Variante 1 *(Wenn den Kindern das Alphabet noch nicht vollständig bekannt ist.):*
- Lesen Sie die Reime langsam vor.
- Fragen Sie die Kinder, welche Lebensmittel sie sich gemerkt haben und danach, mit welchem Buchstaben die meisten Wörter beginnen. (L)
- Teilen Sie die Kinder in Kleingruppen mit maximal vier Kindern und verteilen Sie an jede Gruppe ein Blatt und einen Stift.
- Fordern Sie die Kinder auf, weitere Lebensmittel mit dem Anlaut L zu finden und diese zu malen. Geben Sie dazu Hinweise auf verschiedene Arten von Lebensmitteln, wie z. B. das Gebäck, die Süßigkeiten, das Obst und Gemüse, die Wurst- und Käsesorten, die Getränke. *(Beispiele: das Lebkuchenherz, die Lakritze, die Lauchzwiebel, die Linsensuppe, die Laugenstange …)*
- Nach einer angemessenen Zeit trägt jede Kleingruppen ihre Ergebnisse vor und die Malergebnisse werden allen Kindern vorgestellt.

Variante 2 *(Wenn den Kindern das ganze Alphabet bekannt ist.):*
- Statt die Lebensmittel zu malen, versuchen die Kinder sie zu schreiben.
- Beim Zusammentragen der gefundenen Lebensmittel zeigen Sie den Kindern die richtige Schreibweise an der Tafel.

Lirum, larum, Löffelstiel,
wer Hunger hat, der isst auch viel.
Lirum, larum, Leberwurst,
auch ein Esel hat oft Durst.
Lirum, larum, Laugenbrezel,
beim Essen löse ich ein Rätsel.
Lirum, larum, Litschisaft,
der ist edel und gibt Kraft.

Lirum, larum, Lorbeerblatt,
nur vom Kohl wird man nicht satt.
Lirum, larum Leberkäse,
ich mag Dill und Mayonnaise.
Lirum, larum, Lolliball,
der schmeckt dir auf jeden Fall.
Lirum, larum, Limonade,
mal ist Schluss! Das ist schade!

Weitere Ideen:
- Lesen Sie die Reime noch einmal langsam vor. Die Kinder klatschen in die Hände, wenn sie ein Wort mit dem Endlaut l hören (unterstrichene Wörter).
- Fordern Sie die Kinder auf, weitere Reimwörter mit dem Doppelkonsonanten ll im Endlaut zu finden *(z. B. der Ball – der Fall – der Knall – der Wall – der Schall – der Hall – der Stall).*
- Fordern Sie die Kinder auf, Verben mit dem Doppelkonsonanten ll zu finden *(z. B. fallen, knallen, prallen, hallen, stellen, prellen, bellen, pellen, rollen, tollen, schmollen, wollen, füllen, brüllen).* Machen Sie die Kinder auf die kurze Sprechweise des Vokales vor dem Doppelkonsonanten aufmerksam.

Auf Schatzsuche

Material: *keines*

So geht es:
Erklären Sie den Kindern, dass in der Geschichte manche Wörter fehlen, die mit dem Buchstaben M/m beginnen. Die Kinder sollen während des Vorlesens die Wörter laut hineinrufen. Sie lesen die Geschichte vor und stoppen jeweils an den markierten Stellen bei dem Buchstaben M/m.

Es war stockdunkel in dieser Nacht. Viele Wolken hatten die Sterne und den **M…** ***(Mond)*** verdeckt. Trotzdem krochen zwei seltsame Gestalten über den Strand.
„Nicht da lang!“, zischelte der eine. „Hörst du nicht das Rauschen der Wellen, da ist das **M…** ***(Meer)***.“ „Wie soll ich das bei der Dunkelheit sehen?“, fragte der andere.
„Nicht sehen, du Doofi, hören!“ Goldfinger und Schiefzahn krochen weiter auf allen vieren durch den Sand. Dabei fühlten sie mit ihren Händen hin und her. Das war ziemlich anstrengend und **m…** ***(mühsam)***. Mal fanden die zwei Piraten einen Stein, mal eine angespülte **M…** ***(Muschel)***, aber keinen Schatz. Schiefzahn fing an zu jammern: „Ich kann nicht mehr, ich will endlich schlafen, ich bin so **m…** ***(müde)***.“
„Nun reiß dich zusammen!“, schimpfte Goldfinger. „Es kann doch nicht so schwer sein, diesen einen verdorrten Baumstamm zu finden, wo der Schatz vergraben ist. Denk einfach an die vielen Gold- und **Silberm…** ***(münzen)***.“
Schiefzahn stöhnte und suchte weiter. Da griff er in etwas Weiches und tastete das Ding ab: Federn, zwei Beine, ein Kopf. „Igitt“, schrie Schiefzahn. „Ich habe einen toten Vogel angefasst, eine **M…** ***(Möwe)***. So ein verdammter **M…** ***(Mist)***!“
Jetzt reichte es Goldfinger. Er sprang auf, zog seinen Kumpel am Kragen seines Hemdes auf die Beine und brüllte ihm ins Gesicht: „Bist du ein Weichei oder ein richtiger **M…** ***(Mann)***?“
„Ich bin ein **M…** ***(Mann)***“, stotterte Schiefzahn. Er hielt seinen Arm hoch und zeigte mit der anderen Hand auf seinen Oberarm. Dann meinte er: „Siehst du nicht meine gewaltigen **M…** ***(Muskeln)***?“
„Dann benimm dich auch wie ein **M…** ***(Mann)***. Dein Vater und deine **M…** ***(Mutter)*** würden sich schämen für dich und dein Gejammer. Sei nicht feige, sondern **m…** ***(mutig)***!“
Goldfinger drehte Schiefzahn um und trat ihn in den Allerwertesten. Der torkelte durch die dunkle Nacht und stolperte über einen großen Gegenstand.
„Aua“, jammerte Schiefzahn. Doch Goldfinger kümmerte das wenig. Er hatte mit Schiefzahn kein **M…** ***(Mitleid)***. Genau in diesem Moment öffnete sich die Wolkendecke und das Licht des **M…** ***(Mondes)*** erhellte den Strand.
Schiefzahn jubelte: „Der Baum, der Schatz, der Baum, der Schatz …“
Doch Goldfinger sah sich genauer um. Überall lagen entwurzelte, ausgedorrte Baumstämme. An welcher Baumwurzel sollten sie graben? Es waren Hunderte. Schiefzahn tanzte vor Freude immer noch über den Strand. Goldfinger zitterte vor Wut und schrie Schiefzahn an: „Halt endlich dein blödes **M…** ***(Maul)***!“
„Das heißt nicht **M…** ***(Maul)***“, beschwerte sich Schiefzahn. „Dazu sagt man **M…** ***(Mund)***.“
„Sieh dich um!“, brüllte Goldfinger genervt. Das tat der Pirat dann auch und erstarrte.
„Aber … aber … das ist ja ein ganzer Wald.“
„Dann müssen wir eben den ganzen Wald umgraben“, meinte Goldfinger. „Los fang an!“
Und sie gruben und gruben, fanden aber nichts weiter als …

Auf Schatzsuche

Weitere Ideen:

- Erzählen Sie gemeinsam mit den Kindern die Geschichte weiter. Was fanden die Piraten im Sand? Legen Sie vorher fest, ob die Gegenstände den Buchstaben M/m im An-, In- und/oder Endlaut beinhalten sollen.
- Nutzen Sie weitere Wörter mit dem Buchstaben M/m aus der Geschichte für ein Bewegungsspiel. Die Kinder stehen in der Mitte des Raumes. Jede der vier Zimmerecken steht für eine bestimmte Stellung des Buchstabens im Wort und den Doppelkonsonanten. Sie nennen die Wörter in unregelmäßiger Reihenfolge. Die Kinder laufen schnell in die entsprechende Ecke. Bevor Sie das nächste Wort nennen, begeben sich die Kinder wieder in die Raummitte. Machen Sie die Kinder vorher noch einmal auf die kurze Sprechweise des Vokales vor dem Doppelkonsonanten mm aufmerksam.

Anlaut	Inlaut	Endlaut	Doppelkonsonant
mit	umgraben	trotzdem	jammern
mal	das Hemd	seltsam	zusammen
mehr	schimpfen	der Baum	die Stämme
meinen	der Kumpel	der Arm	verdammen
mein	zimperlich	am	das Gejammer
man	schämen	ihm	kümmern
müssen	ziemlich	um	immer

- Fordern Sie die Kinder auf, weitere Reimwörter mit dem Doppelkonsonanten mm zu finden *(z. B. der Stamm – der Kamm – das Lamm – der Damm; immer – nimmer – schlimmer)*.
- Lassen Sie die Kinder Vorschläge machen, zu welchem Themengebiet sie Wörter mit dem Anlaut M/m finden können *(z. B. in der Schule, im Kinderzimmer, im Fernsehen)* und passende Wörter zu dem ausgewählten Thema nennen.
- Wer kann einen Satz bilden, in dem jedes Wort mit dem Buchstaben M/m beginnt? *(z. B. Meine Mama macht Musik.)*

In-, Endlaut

n nn Hoch die Hände, Wochenende!

Material: *keines*

So geht es:
Sie lesen die Reime ohne die in Klammern stehenden Reimwörter vor.
Die Kinder ergänzen die Reimwörter während Ihres Vortrages im Chor.

So vergeh'n die Wochentage
bei der lieben **Anne**:
Montags brät sie 20 Eier
in ihrer runden … ***(Pfanne)***.
Dienstag trinkt sie nur Kaffee
aus einer großen … ***(Kanne)***.
Mittwochs klettert sie im Wald
auf eine grüne … ***(Tanne)***.
Donnerstags, beim Autofahren,
hat sie stets 'ne … ***(Panne)***.
Freitags ist ihr Badetag
in ihrer schicken … ***(Wanne)***.
Samstag, Sonntag, hoch die Hände!
Endlich kommt das Wochen… (ende).

Weitere Ideen:

- Erstellen Sie gemeinsam mit den Kindern ein Tafelbild. Schreiben Sie zunächst nur den Wortteil **-anne** 5-mal untereinander. Tragen Sie die Reimwörter aus der Geschichte zusammen und ergänzen Sie die fehlenden Anlaute. Kennzeichnen Sie den Doppelkonsonanten **nn**.
  Geben Sie die weiteren Wortteile **-ann, -ennen, -innen** vor, zu welchen die Kinder Reimwörter suchen. Schreiben Sie diese jeweils untereinander. So könnte die Übersicht am Ende aussehen:

Pfanne	wann	brennen	rinnen
Kanne	kann	rennen	spinnen
Tanne	dann	nennen	gewinnen
Panne	Mann	kennen	pinnen
Wanne	Bann	Hennen	sinnen

- Nutzen Sie die Geschichte zum Üben der Reihenfolge der Wochentage. Stellen Sie den Kindern die Fragen:
  In welchen Wochentagen steckt der Buchstabe **n**? *(Montag, Dienstag)*
  In welchen steckt der Doppelkonsonant **nn**? *(Donnerstag, Sonntag)*

Tipp:
Klären Sie mit den Kindern die Bedeutung von Wörtern, die einigen unklar sein könnten *(z. B. der Bann, rinnen, sinnen, pinnen)*.

An-, In-, Endlaut

N n Ein cooles Piratenschiff

Material:
ein Stift und ggf. eine Kopie der Geschichte zum Eintragen

So geht es:
Erklären Sie den Kindern, dass im Text einige Adjektive fehlen und Sie gemeinsam mit ihnen die Quatschgeschichte fertigschreiben müssen. Dazu soll Ihnen jedes Kind ein Adjektiv mit dem An-, In- und/oder Endlaut n nennen und die Stellung des Buchstabens im Wort bestimmen. Tragen Sie die Wörter der Reihe nach in die Leerstellen ein und lesen Sie die Quatschgeschichte anschließend vor.

Tipp:
Bevor Sie mit dem Eintragen der Adjektive in den Text beginnen, machen Sie den Kindern noch einmal an Beispielen deutlich, was Adjektive sind. Wie kann ein Schiff aussehen? *(z. B. neu, bunt, klein)* Wie kann ein Pirat sein? *(z. B. nett, zornig, dünn)*

Nils und Noah spielten im .... Garten hinter dem Haus. Heute waren sie Piraten. Und was brauchen .... Piraten unbedingt? Natürlich ein .... Schiff. Die beiden schaufelten ein großes Loch in den .... Sandkasten. Sie gruben mit ihren .... Schaufeln, bis das Loch tief genug war und die Form eines .... Schiffes hatte. Dann überlegten sie, wie sie ihr .... Bauwerk noch verschönern könnten. Sie brauchten ein .... Steuerrad! Nils ging in den .... Schuppen und holte einen .... Hula-Hoop-Reifen. Den gruben sie vorn am Schiff ein. Nun fehlte noch ein .... Mast. Ein Schiff brauchte schließlich eine .... Flagge. Da entdeckte Noah den .... Laubbesen. Gemeinsam gruben sie ihn am hinteren Teil des Schiffes ein, sodass nur der .... Besenstiel rausschaute. Doch was sollten die .... Piraten als Flagge nehmen? Sie sahen sich um, entdeckten die Wäscheleine und grinsten sich an. Noah schlich hinüber, knipste zwei .... Wäscheklammern ab und mopste eine schwarze Unterhose von seinem Papa. Nils stellte sich auf die Zehenspitzen und stülpte die .... Unterhose über den Mast. Was für eine super Flagge! Doch was war, wenn .... Angreifer nahten? Sie brauchten unbedingt eine .... Kanone. Noah verschwand im .... Keller und kam mit einem Stück Rohr von einer Dachrinne wieder. Nils klatschte begeistert in seine .... Hände. Beim Eingraben stellten sie fest, dass das Rohr auch ein tolles Fernrohr war. Schon konnten sie den ersten .... Angreifer entdecken. Noahs Mama war auf dem Weg zu ihnen.
„Keinen Schritt näher!“, rief ihr Noah durch das Fernrohr entgegen. „Nur, wenn du einen .... Schatz hast, darfst du unser .... Schiff betreten. Noahs Mama lächelte und hielt zwei .... Flaschen mit .... Limonade hoch.
„Gilt das als Schatz?“, fragte sie. Dann kam sie näher und betrachtete das .... Bauwerk genauer. Als sie die .... Unterhose entdeckte, musste sie laut lachen:
„Ein cooles Piratenschiff habt ihr. Das muss man schon sagen. Besonders die Flagge ist einmalig.“

An-, In-, Endlaut

Ⓞ ⓞ Omas großer Auftritt

Material: *keines*

So geht es:
Die Kinder sitzen im Halbkreis vor Ihnen und halten eine Faust vor ihrer Brust. Aus Platzgründen kann eine zweite Reihe Kinder hinter den sitzenden stehen. Sie lesen die Geschichte langsam vor, stoppen nach jedem fett markierten Wort, welches den Buchstaben O/o beinhaltet und suchen Blickkontakt zu den Kindern. Die Kinder zeigen die Stellung des Buchstabens O/o in dem Wort mit den ausgestreckten Fingern einer Hand an: *ein Finger* = **Anlaut**, *zwei Finger* = **Inlaut**, *drei Finger* = **Endlaut**. Sind in einem Wort mehrere Buchstaben enthalten, nehmen die Kinder die zweite Hand zu Hilfe. Sie nicken bei der Richtigkeit aller gezeigten Handzeichen oder berichtigen Fehler. Dann lesen Sie weiter bis zum nächsten fett markierten Wort.

Odette war ganz aufgeregt. Sie war **noch** nie in einem **großen Konzert** gewesen. Sie rutschte auf ihrem Sitz im **Auto** hin und her. Ihr **Opa** fuhr viel zu langsam. Bei dem **Tempo** würden sie noch zu spät **kommen** und den Anfang verpassen. **Oder** man würde sie gar nicht mehr hineinlassen.
Odette zappelte die ganze Fahrt herum. Endlich waren sie da. Die meiste **Konzertbesucherinnen** und **Konzertbesucher** hatten bereits ihre Plätze im Saal **eingenommen**. Odette und ihr Opa liefen schnell die Treppen nach **oben**. Sie hatten einen ganz **besonderen** Platz. Ihre **Oma** hatte ihnen zwei Plätze in einer **Loge** reserviert. Kaum hatten sie sich hingesetzt, rutschte Odette **schon** wieder auf ihrem **Po** hin und her. Dann flüsterte sie ihrem Opa zu: „Ich muss aufs **Klo**.“ „**Wieso**? Du warst **doch** zu Hause auf der **Toilette**“, sagte ihr Opa. „Na dann **los**! Geh! Beeil dich! Du hättest nicht **so** viel **Limo** trinken **sollen**.“
Als Odette wiederkam, stimmten die Musiker des **Orchesters** bereits ihre Instrumente ein. Odette suchte ihre Oma auf der Bühne. Da saß sie, rechts neben dem Dirigentenpult. Sie stimmte ihre **Violine**. Odette winkte ihr zu. Doch ihr Opa meinte: „Oma muss sich jetzt **konzentrieren**.“
Odette sah sich die anderen Musiker und Musikerinnen und ihre Instrumente an. Einigen Instrumenten **konnte** sie die richtigen Namen **zuordnen**. Sie entdeckte ein **Horn** und **Posaunen**, eine **Oboe**, ein **Saxofon** und ein **Cello**. Ganz hinten stand ein Mann an einer **großen Trommel**. Eine Frau mit langen Haaren und ganz vielen **Locken**, die neben ihrer Oma saß, zupfte an einer **Mandoline**. Am Rand der Bühne stand ein **rotes Piano**. Als Odette gerade die Frau **beobachtete**, die ihre **Blockflöte** zusammensetzte, erschien der Dirigent. Alle Zuschauer klatschten. In diesem **Moment** sah ihre Oma zu ihrer **Loge hoch** und lächelte ihnen zu. Odette strahlte zurück.
Dann wurde es unheimlich still. Der Dirigent **erhob** seinen Stab. Das Konzert begann. Odette bekam eine Gänsehaut, als nur eine Musikerin zu spielen begann: und das war ihre Oma! Odette war **so stolz** auf sie. Alle **Ohren** in diesem Saal hörten ihrer Oma zu.
Nach und nach setzten die anderen Instrumente ein. Odette merkte gar nicht, dass ihr der Mund **offenstand**, so gebannt war sie **von** der Musik. Als der letzte **Ton** verklungen war, setzte ein **tobender** Applaus ein. Auch Odette stand auf und klatschte, bis ihr die Hände wehtaten. Mit strahlenden Augen sah sie ihren Opa an und rief: „Das war **toll**!“

O o Omas großer Auftritt

Weitere Ideen:

- Diese Geschichte bietet viel Gesprächsstoff und eventuell Erklärungsbedarf, denn nicht alle Kinder haben Kenntnisse im Bereich der klassischen Musik. Lassen Sie die Kinder von ihren Erfahrungen erzählen und stellen Sie gezielte Fragen:
  - Wer spielt selbst ein Instrument?
  - Wer war schon in einem Konzert? Was war das für ein Konzert?
  - Was ist eine Loge?
  - Was bedeutet, die Instrumente zu stimmen?
  - Was ist ein Dirigent?
  - Wer kann eins der folgenden Instrumente beschreiben: Posaune, Oboe, Saxofon, Cello, Mandoline, Piano, Horn, Blockflöte?

- Nutzen Sie die Geschichte für ein Reaktionsspiel. Sie legen drei Reaktionswörter fest: Odette, Opa und Oma. Die Kinder gehen hintereinander im Kreis. Haben Sie keinen Platz für einen großen Kreis, bilden die Kinder einen kleineren Kreis innen und einen größeren außen. Sie lesen die Geschichte noch einmal vor. Immer wenn Sie ein unterstrichenes Reaktionswort vorlesen, wechseln die Kinder schnell die Richtung und gehen weiter.
  Für mehr Abwechslung ändern Sie zwischendurch die Bewegungsform *(z. B. Entengang, Seitstellschritt …).*

Tipps:
Zeigen Sie den Kindern diese Abbildungen und bringen Sie ggf. weitere Abbildungen von im Text genannten Instrumenten mit.
Vielleicht haben Sie in Ihrer Einrichtung eine*n Musikpädagogen*in, der*die Sie mit Material unterstützen kann?

P p Das P war plötzlich ausradiert

Material: *keines*

So geht es:

Fordern Sie die Kinder auf, in dieser Geschichte Quatschwörter zu bilden, indem sie den Buchstaben P/p weglassen. Sie lesen jeweils einen Zweizeiler vor und lassen dabei das gesuchte Quatschwort am Ende weg. Die Kinder rufen Ihnen das entstandene Quatschwort der Reihe nach zu.

Das Alphabet, das braucht die Welt,
selbst der allergrößte Held.
Im Wilden Westen war's passiert,
das **P** war plötzlich ausradiert.
Des Cowboys Namen **Pepe**
war auf einmal **_e_e**.
Der Cowboy hatte keine **Peitsche**,
denn die hieß auf einmal **_eitsche**.
Fort war auch sein treues **Pony**,
ritt nun täglich mit dem **_ony**.
Aber nicht mehr auf dem **Po-Po**,
sondern nur auf seinem **_o_o**.
Sein Kind rief nicht: „**Papa**",
denn nun war er der **_a_a**.
Sein Haus strich er nicht mit dem **Pinsel**,
dafür aber mit dem **_insel**.
Der Revolver machte nicht mehr **peng**,
sondern nur ein leises **_eng**.
Raus kam auch nicht die **Patrone**,
dafür schoss er eine **_atrone**.
Er besaß nicht einen **Penny**.
Die Geldbörse war voller **_ennys**.
Der Cowboy hatte nie 'ne **Pause**,
dafür aber eine **_ause**.
Niemand brachte ihm die **Post**,
deren Name war jetzt **_ost**.
Er bekam auch kein **Paket**,
denn das war nun ein **_aket**.
Pepes Freund hieß nicht mehr **Paul**,
alle sagten zu ihm **_aul**.
Auf dem Klo kam kein **Pipi**,
denn das nannte man **_i_i**.
Und zum Glück auch nicht ein **Pups**,
nur ein winzig kleiner **_u_s**.
Zum Abendbrot gab's keine **Pute**,
sondern frisch gebrat'ne **_ute**.
Es fehlten die geschmorten **Pilze**,
die hießen ja nun **_ilze**.
Zum Nachtisch fehlte auch der **Pudding**,
stattdessen aß man **_udding**.
Und vorbei war's mit dem: „**Prost!**",
alle riefen ab jetzt: „**_rost!**"
So was, Kinder, kann passieren,
wenn das **P** wir ausradieren.

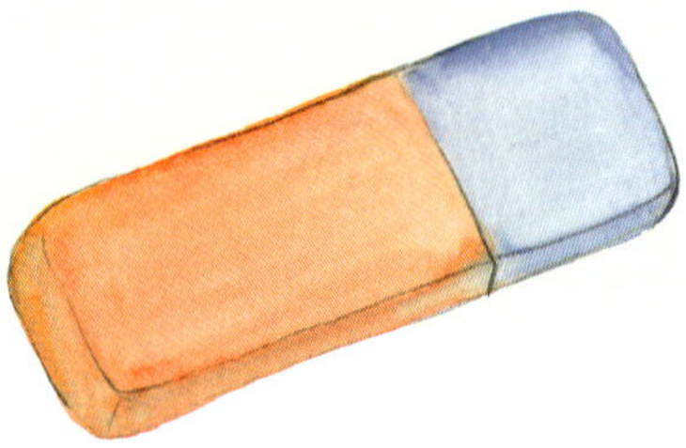

Weitere Ideen:

- Einige Wörter aus der Geschichte ergeben durch das Weglassen des Buchstaben P/p keine Quatschwörter, sondern neue Wörter. Lesen Sie die Geschichte noch einmal vor. Entdecken die Kinder ein Wortpaar, melden sie sich und nennen die Wörter mit dem dazugehörigen Artikel *(der Pinsel – die Insel, peng – eng, die Pute – die Ute, das Prost – der Rost)*.
- Fordern Sie die Kinder auf, aus den folgenden Wörtern neue Wörter mit dem Anlaut P zu bilden: der **Reis** – der Preis, die **Latte** – die Platte, der **Acker** – der Packer, das **Ass** – der Pass, die **Erle** – die Perle, der **Latz** – der Platz.

Inlaut

pp Meine sonderbaren Träume

Material: *keines*

So geht es:
Sie lesen die Reimgeschichte ohne die in Klammern stehenden Reimwörter vor. Sprechen Sie nur jeweils den bzw. die Anlaute des Reimwortes, um den Kindern das Finden der Reimwörter zu erleichtern. Die Kinder ergänzen die Reimwörter während Ihres Vortrages im Chor.

Träume sind schon sonderbar.
Sind sie falsch? Sind sie wahr?
Sie fühl'n sich wie im Kino an,
wo man sich betrachten kann.
Ich träume viel, fast jede Nacht
und hab' die Träume mitgebracht.
Ich trage eine rote **Kappe**
und mein Koffer ist aus **P**… ***(appe)***.
Im Koffer liegen 13 **Puppen**,
die trage ich in einen **Sch**… ***(uppen)***.
Ich ziehe an der langen **Strippe**,
da fällt von oben ein **Ge**… ***(rippe)***.
Das putze ich mit einem **Lappen**,
um mich flattern lauter **M**… ***(appen)***.

Ich setze mich auf eine **Schippe**,
die fliegt mit mir zu einer **W**… ***(ippe)***.
Dort spielen viele Kinder**gruppen**.
Alle kochen Brei und **S**… ***(uppen)***.
Ich verbrenn' mir meine **Lippe**
und bekomme eine **Gr**… ***(ippe)***.
Dann kletter' ich auf eine **Pappel**.
Dort sitzt ein Kobold namens **Z**… ***(appel)***.
Auf seinem Hemd hat er ein **Wappen**
und wir essen einen **H**… ***(appen)***.
Was wir aßen in der Nacht,
kann ich nicht mehr sagen,
denn dann bin ich aufgewacht.
Ich müsst' den Kobold fragen.

Weitere Ideen:

- Greifen Sie das Ende der Geschichte auf. Geben Sie vor, sich doch an eine Speise zu erinnern: die Fliegenbeinsuppe.
  - Fordern Sie die Kinder auf, andere lustige Suppennamen zu kreieren.
  - Fragen Sie die Kinder nach ihrer Lieblingssuppe.
  - Wer hat schon einmal eine außergewöhnliche Suppe gegessen? *(z. B. Brennnesselsuppe)*
- Kennen die Kinder bereits das ganze Alphabet, erstellen Sie gemeinsam mit den Kindern eine Übersicht an der Tafel mit den vorhandenen Reimwörtern. Kennzeichnen Sie oder die Kinder den Inlaut pp in allen Wörtern.
- Machen Sie die Kinder auf die kurze Sprechweise des Vokales vor dem Doppelkonsonanten aufmerksam und sprechen Sie die Wörter noch einmal im Chor. Lassen Sie die Kinder einige Wörter sprechen, wenn diese nur mit dem Buchstaben p im Inlaut und nicht mit dem Doppelkonsonanten pp geschrieben werden würden *(z. B. die Kappe – die Kape, die Puppe – die Pupe, das Gerippe – das Geripe)*.

Qu qu Quakus, der unzufriedene Frosch

Material: *keines*

So geht es:
Die Kinder finden sich paarweise zusammen und stellen sich Rücken an Rücken. Jedes Paar hakt seine Arme ineinander. So laufen alle Paare vorsichtig kreuz und quer durch den Raum. Sie lesen die Geschichte vor. Immer wenn die Kinder das Reaktionswort **Quakus** hören, setzen sie sich auf den Boden, ohne die Arme zu lösen. Das schnellste Paar, welches zuerst mit ausgestreckten Beinen am Boden sitzt, erhält einen Punkt. Sie warten einen Moment, bis die Kinder wieder aufgestanden sind, sich wieder Rücken an Rücken eingehakt haben und weiterlaufen. Dann lesen Sie die Geschichte weiter vor.

Es war einmal ein kleiner, unzufriedener Frosch. Der lebte an einem sehr kleinen Tümpel in einem sehr kleinen Wäldchen. Die wenigen Frösche, die auch dort lebten, nannten ihn Quakus. Er war ein äußerst unzufriedener Frosch. Ständig **quakte** er, wie doof doch alles wäre. Mit nichts war Quakus einverstanden. Ständig fand er etwas zum Meckern, zum Schimpfen, zum Beschweren. Das Wasser im Tümpel sah trüb und braun aus. Es hatte eine schlechte **Qualität**. Es gab keine frische **Quelle**. Die Seerosenblätter waren ihm zu groß, die Blüten zu klein. So ein **Quatsch**, meinten die anderen Frösche zu Quakus. Sie fanden das Leben an diesem Teich sehr schön und **bequem**.
Eines Tages regte er sich wieder mächtig auf, der kleine Quakus. Er **quasselte** ohne Unterlass. Das war doof. Jenes war blöd. Dieses war miserabel.
„Jetzt reicht es aber“, **quakte** der älteste Frosch und sprang genau vor Quakus. „Wenn es dir hier nicht gefällt, dann geh doch woandershin!“
„Genau das mache ich auch“, sagte Quakus eingeschnappt. Er **quetschte** sich an dem alten Frosch vorbei und sprang los.
„Ich suche mir ein schöneres Zuhause“, rief er zurück. „Vielleicht ein hübsches **Aquarium**, mit immer frischem Wasser und das Futter wird serviert. Oder nein, noch besser: Ich **durchquere** Wiesen und Wälder und ziehe ans Meer. Dort ist viel Platz und viel Wasser. Dort werde ich mich **einquartieren**.“ Die anderen Frösche schüttelten ihre Köpfe. Doch da war Quakus schon weg.
Der kleine, grüne Frosch war lange unterwegs. Er sprang über unzählige Wiesen, kämpfte sich durch struppige Wälder und **quälte** sich durch unheimliche Sümpfe. Endlich sah Quakus das große, weite Meer. Er **quiekte** vor Freude und sprang los, bis ans Wasser. Schon erfasste ihn eine Welle. Quakus wurde **quer** über den Strand gespült. Seine Haut schabte schmerzhaft über den rauen Sand. Er schluckte jede Menge Salzwasser und hustete und prustete. Gerade noch konnte sich Quakus auf einen Stein retten, als die nächste Welle mit lautem Tosen hereinbrach. Mit ihr schwamm eine **Qualle**. „Was willst du denn hier?“, fragte sie Quakus erstaunt.
„Das frage ich mich auch“, antwortete Quakus. „Ich bin so dumm. Wie ruhig und friedlich war es doch an meinem kleinen Tümpel, dem schönsten Ort der Welt.“
Er drehte sich um, **quakte** noch einmal und dann sprang er los. Er machte keine Pause, bis er wieder zu Hause war, der kleine, grüne Frosch Quakus.

Tipp:
Sollte ein Kind kein Partnerkind haben, setzen Sie dieses als Schiedsrichter*in ein. Es achtet darauf, welches Paar zuerst sitzt und zählt die Punkte der einzelnen Paare.

Qu qu Quakus, der unzufriedene Frosch

Weitere Ideen:

- An welche Wörter mit dem Buchstaben Qu/qu können sich die Kinder erinnern? Die Kinder tragen diese gemeinsam zusammen und bestimmen die Stellung des Buchstabens Qu/qu in jedem Wort. Sie ergänzen die von den Kindern nicht genannten Wörter.
- Differenzieren Sie die vorherige Aufgabenstellung. An welche Nomen oder Verben mit dem Buchstaben Qu/qu erinnern sich die Kinder?
- Nachdem die Kinder alle Wörter mit dem Buchstaben Qu/qu aus der Geschichte kennen, lesen Sie die Geschichte noch einmal vor. Erklären Sie alle Wörter mit dem Buchstaben Qu/qu zu Reaktionswörtern und legen Sie eine andere, schneller ausführbarere Bewegungsform fest. Dazu eignet sich ein Hochstrecksprung, der das Hüpfen eines Frosches nachstellt. Achten Sie darauf, dass die Kinder hierfür genügend Platz zur Verfügung haben.
- Fordern Sie die Kinder auf, Fantasienamen für die anderen Frösche im Tümpel zu bilden. Alle Namen sollen mit dem Anlaut Qu beginnen.
- Spielen Sie mit den erfundenen Namen der Frösche „Stille Post“. Setzen Sie sich dazu mit den Kindern in einen Stuhlkreis oder im Kreis im Schneidersitz auf den Boden. Kommt der Name am Ende richtig an? Ist ein neuer fantasievoller Name entstanden?

R r Hokus pokus

Tipp:
Machen Sie den Kindern zuerst an Beispielen deutlich, was Adjektive sind. Wie kann ein Hut aussehen? *(z. B. rund, schwarz, teuer)*
Wie kann ein Mensch sein oder aussehen? (z. B. ruppig, grausam, sauber)

Material:
ein Stift und ggf. eine Kopie der Geschichte zum Eintragen

So geht es:
Erklären Sie den Kindern, dass im Text einige Adjektive fehlen und Sie gemeinsam mit ihnen die Quatschgeschichte fertigschreiben müssen. Dazu soll Ihnen jedes Kind ein Adjektiv mit dem An-, In- und/oder Endlaut R/r nennen und die Stellung des Buchstabens im Wort bestimmen. Tragen Sie die Wörter der Reihe nach an den markierten Stellen ein und lesen Sie die Quatschgeschichte anschließend vor.

„Wer war das?“ fragte Zauberlehrer Schrull verärgert. Die .... Zauberschüler und die .... Zauberschülerinnen kicherten auf ihren Plätzen. „Wer war das?“, fragte der .... Lehrer noch einmal und sah sich um. Aus seinem Schreibtisch wuchs ein .... Kirschbaum, aus der Tafel spießte ein .... Geweih, in dem Kästchen, wo sonst die .... Kreide lag, krabbelten .... Käfer herum. Das .... Klassenbuch klebte an der Decke und eine .... Spinne webte ein .... Netz darum. Herr Schrull blickte über seine .... Brille in die Klasse. „Also gut, wenn keiner von euch zugibt, den Blödsinn gezaubert zu haben, bestrafe ich euch alle.“ Er verschränkte seine .... Arme vor der Brust und lief hinter seinem .... Schreibtisch auf und ab. Plötzlich blieb er stehen. „Ich verwandele euch alle in dicke, kleine Möpse und der Mops, der mir etwas zu sagen hat, kann vorkommen und bellen. Findet sich der oder die Schuldige nicht, bleibt ihr für immer .... Möpse.“ Zauberlehrer Schrull richtete gerade seinen .... Zauberstab auf die Schüler und Schülerinnen, da sprang der kleinste von ihnen auf, hielt seinen .... Stab genau auf Herrn Schrull und sprach ganz hastig: „Hokus pokus, eins, zwei, drei und hopps, Sie sind jetzt der Mops.“ Und schon war es passiert. Der Zauberlehrer hockte auf seinem Schreibtisch, wedelte mit seinem .... Schwanz und bellte wütend aus seinem .... Maul. Die Kinder saßen da wie versteinert. Da betrat der .... Direktor das Zimmer. „Also, Herr Schrull, ich muss schon sagen“, sprach der Direktor den .... Mops auf dem Schreibtisch an. „Sie machen einen hervorragenden Unterricht.“
Der Direktor sah den .... Kirschbaum und das .... Geweih an der Tafel und meinte weiter: „Und was für ausgefallene Ideen Sie haben. Ihre Klasse kann sich glücklich schätzen, so viel von Ihnen zu lernen. Wunderbar! Weiter so Herr Schrull!“ Der Direktor klopfte dem .... Mops anerkennend das .... Fell und verließ stolz das Zimmer. Dann hörte er, wie alle Kinder herzlich lachten. Schmunzelnd ging er davon.

Rr Zwei in einem

Material: *keines*

So geht es:
Sie lesen das Rätsel vor. Anschließend lassen Sie sich das Lösungswort von jedem Kind ins Ohr flüstern. Danach sprechen Sie alle Kinder an: „Das Lösungswort heißt …“ und die Kinder ergänzen es im Chor.

Es gibt Wörter, die gleich klingen,
doch sind sie Namen von zwei Dingen.
Solch ein Wort erratet ihr,
bekommt noch ein paar Tipps von mir.
Und wer das Wort erkennt,
es noch nicht laut nennt.
Der erste Tipp, der kommt sofort,
mit **R** schreibt man das Lösungswort.
Der Schauspieler, der sie bekommt,
lernt und paukt die Texte prompt.
Jeder möchte eine spielen
und Erfolg damit erzielen.
Die andere macht man im Sport,
aber nicht ausschließlich dort.
Kinder mögen diese sehr
und sie ist auch gar nicht schwer,
kopfüber einmal drehen
und dann wieder stehen.

*(Lösungswort: **Rolle**)*

Weitere Ideen:
- Erklären Sie den Kindern, dass Wörter, die für verschiedene Begriffe stehen, *Homonyme* heißen. Nennen Sie weitere Homonyme mit dem An-, In- oder Endlaut **R/r** *(z. B. arm/der Arm, reif/der Reif, der Star, der Käfer, die Birne, der Hering, die Erde)*. Die Kinder nennen jeweils die Stellung des Buchstabens **R/r** im Wort und versuchen anschließend, die zwei Bedeutungen des Wortes zu erklären.
- Fordern Sie die Kinder auf, zu dem Wort die **Rolle** möglichst viele verwandte Wörter zu finden *(z. B. die Rollen, der Roller, rollen, aufrollen, gerollt, der Rollschuh …)*.

Tipp:
Legen Sie beim Vorlesen des letzten Wortes den Finger auf den Mund, um die Kinder zu erinnern, dass sie das Lösungswort nicht laut sagen sollen.

S s Der verschwundene Zettel

Material: *keines*

So geht es:
Erklären Sie den Kindern, dass die Geschichte in einem Supermarkt spielt. Sie dürfen kreuz und quer durch den „Markt" (Klassenzimmer) laufen. Wenn die Kinder einen Supermarktartikel hören, der mit dem Buchstaben S/s beginnt oder endet, sollen sie in ihrer Bewegung erstarren. Beim nächsten Artikel mit S/s laufen sie weiter, beim nächsten erstarren sie wieder usw.
Sie lesen die Geschichte langsam vor und artikulieren besonders die Supermarktartikel deutlich.

„Wo ist nur der Zettel?", fluchte Papa zum hundertsten Male und kramte in allen Taschen.
„Mama wird stinkesauer sein, wenn wir die Hälfte vergessen", sagte Mia. „Los, wir gehen jetzt hinein. Mama hat mir alle Sachen erklärt. Wenn ich sie sehe, fallen sie mir bestimmt wieder ein. Wir müssen einfach nur jeden Gang ablaufen."
Mit ihrem Einkaufswagen betraten die beiden den Supermarkt und kamen zuerst zu den Auslagen mit dem Obst und dem Gemüse. Papa schaute umher und meinte: „Das ist doch ganz einfach. Da liegt der **Salat**, der stand auf dem Einkaufszettel." Mia suchte einen schönen aus und legte ihn in den Wagen. Dann nahm Papa eine Gurke und **Sellerie**. Er schaute sich wieder um und entdeckte den **Kürbis** und die **Ananas**. Papa kratzte sich am Kopf und murmelte: „Brauchen wir noch mehr Gemüse?"
„Für heute Abend zum Grillfest brauchen wir noch Paprika und **Mais**", sagte Mia.
„Genau, mein kluges Mädchen. Siehst du, zusammen fällt uns alles wieder ein. Wir sind doch ein unschlagbares Einkaufsteam."
Sie gingen weiter zum Fischstand, denn das wichtigste war der **Lachs** für den Grill. Außerdem kauften sie noch zwei Forellen und einen **Rollmops**. Den mochte Mias Mama sehr gern.
Am Fleischstand verlangte Papa eine dicke Scheibe **Sülze**, ein Pfund **Gehacktes**, einen **Leberkäse** und eine kleine **Salami**.
„Meine **Sojamilch** dürfen wir nicht vergessen", fiel Mia ein. „Richtig", meinte Papa.
„Jetzt gehen wir zu den Getränken." Sie packten die Milch in den Wagen, außerdem eine Flasche **Sirup**, einen Kasten Wasser, zwei Packungen **Saft** und eine Flasche **Sekt**. Dann liefen sie langsam weiter und sahen sich die Artikel in den Regalen an.
„**Senf**!", rief Mia und stellte ein Glas in den Wagen. „**Apfelmus**", fiel Papa ein, als er die Gläser stehen sah.
Sie kamen an den langen Regalen mit den Knabbersachen vorbei. Mia legte eine Tüte **Chips** in den Wagen. „Die standen zwar nicht auf dem Zettel …", flüsterte Papa und zwinkerte Mia zu.
„Dann nehmen wir für Mama die **Salzstangen** mit", schlug Mia vor.
Nach einer ganzen Weile waren alle Gänge abgelaufen und sie stellten sich an der Kasse an und bezahlten. Als Papa die Autotür öffnete, sah er ihn auf dem Fahrersitz liegen.
„Unser Einkaufszettel!", staunte er. Er musste ihm beim Aussteigen aus der Hosentasche gerutscht sein. Schnell überflog er ihn.
„Oh, weh, wir müssen noch einmal hinein", sagte er zu Mia. „Es fehlen **Sahne**, Tomaten, Duschbad, **Sauerkraut**, Zahncreme, Backpapier, **Sonnenblumenkerne**, Oliven, **Reis**, Kartoffeln, Weintrauben und **Sesambrötchen**."
„Das hätte Ärger mit Mama gegeben", stellte Mia fest. „Gewaltigen Ärger", bestätigte Papa.
Sie gingen noch einmal in den Supermarkt.
Und zum Schluss gönnten sie sich für diesen anstrengenden Einkauf noch ein **Eis**.

An-, In-, Endlaut

S s Der verschwundene Zettel

Weitere Ideen:

- Stellen Sie den Kindern gezielte Fragen:
  - Welche anderen Supermarktartikel mit dem An-, In- oder Endlaut **S/s** fallen den Kindern noch ein? *(z. B. Seife, Käse, Obst, Nüsse, Kekse …)*
  - Wie können Lebensmittel oder Getränke schmecken? Fordern Sie die Kinder auf, passende Adjektive, die mit dem Anlaut **s** beginnen zu finden *(z. B. süß, sauer, salzig, sensationell, super).*

- Die Kinder sitzen im Stuhlkreis. Sie geben ein zusammengesetztes Nomen aus der Geschichte vor und die Kinder bilden der Reihe nach eine Wortkette *(z. B. Salz*stangen – Stangen*käse* – Käse*salat – …)*
  Fällt dem Kind, das gerade an der Reihe ist, kein Wort ein, machen die anderen Kinder Vorschläge oder Sie beginnen eine neue Wortkette mit einem anderen zusammengesetzten Nomen.

Tipp:
Bringen Sie für die Kinder zum Naschen einen der genannten Artikel mit *(z. B. Salzstangen oder Sonnenblumenkerne).*

An-, In-, Endlaut

T t Auf dem Jahrmarkt

Material:
ein Stift und ggf. eine Kopie der Geschichte zum Eintragen

So geht es:
Erklären Sie den Kindern, dass im Text Wörter fehlen und Sie gemeinsam mit ihnen die Quatschgeschichte fertigschreiben müssen. Dazu soll Ihnen jedes Kind einen Gegenstand nennen, der den Buchstaben T/t im An-, In- oder/und Endlaut beinhaltet und die Stellung des Buchstabens im Wort bestimmen. Tragen Sie die Wörter der Reihe nach in die Leerstellen ein und lesen Sie die Geschichte anschließend vor.

Tim kramte in seiner Hosentasche. Wo war nur das Geld hin? Er zog drei .... und zwei .... heraus, aber kein Geld. Dann versuchte er es in der anderen Tasche. Doch außer .... , ... und .... war da nichts zu finden. Plötzlich fiel es Tim wieder ein. Das Geld war in der Jackentasche und die steckte im Rucksack. Er öffnete den Rucksack und zog erst das/die/den .... , zwei .... und die drei .... heraus. Dann holte er das Geld heraus. Tim sah auf die Geldstücke in seiner Hand. Fünf Eurostücke lagen da noch. Sollte er Lose kaufen oder Geisterbahn fahren? Vielleicht fällt mir die Entscheidung leichter, wenn ich mir die Preise an der Tombola ansehe, dachte Tim. Dicht an dicht drängten sich dort die tollsten Spielsachen. Tim entdeckte mehrere .... und .... Außerdem gab es jede Menge verschiedenfarbiger .... und .... Ganz unten standen die Kisten mit den Trostpreisen, eine Kiste voller grüner .... und in der nächsten Kiste lagen lauter .... Tim wollte keinen Trostpreis. Er wollte etwas richtig Großes gewinnen.

„Na, was ist junger Mann?“, sprach ihn der Verkäufer an, der auf einem/einer .... saß und vier .... auf dem Kopf hatte. „Wie viele Lose möchtest du haben?“ Tim rechnete. Zehn Lose könnte er für sein Geld kaufen. Aber wenn er Pech hatte, dann war das ganze Geld futsch. Ich nehme fünf Lose, beschloss Tim. Aufgeregt riss er das Papier auf. „Fünf Punkte“, freute sich der Verkäufer für Tim. „Dafür kannst du dir hier etwas aussuchen.“ Doch was Tim dort sah, gefiel ihm nicht besonders gut. Was sollte er mit .... ? Oder mit .... und .... ? Er war doch kein Baby mehr. „Wenn du zehn Punkte hast, kannst du dir etwas aus diesem Regal aussuchen“, meinte der Verkäufer. Oh ja, davon würde er sofort das/die/den .... und das/die/den .... nehmen. Geisterbahn oder Lose? Tim war hin- und hergerissen, doch dann entschied er sich für die Lose und hatte Glück. „Siehst du, junger Mann, jetzt kannst du aus diesen Regalen wählen“, sagte der Verkäufer lächelnd. Nun hatte Tim die Qual der Wahl. Sollte er das/die/den .... nehmen oder doch lieber das/die/den .... Tim entschied sich schließlich für ein/eine/einen ....

In-, Endlaut

tt Mal klein, mal groß

Material: *keines*

So geht es:
Sie lesen das Rätsel vor. Anschließend lassen Sie sich das Lösungswort von jedem Kind ins Ohr flüstern. Danach sprechen Sie alle Kinder an: „Das Lösungswort heißt …“ und die Kinder ergänzen es im Chor.

Es gibt Wörter, die gleich klingen,
doch sind sie Namen von zwei Dingen.
Solch ein Wort erratet ihr,
bekommt noch ein paar Tipps von mir.
Und wer das Wort erkennt,
es noch nicht laut nennt.
Die eine, die ist aus Metall.
Im Baumarkt liegt sie im Regal.
Ein Gewinde ist zu sehen,
so kann man sie auf Schrauben drehen.
Die andere ist eine Frau,
diese kennt dich sehr genau.
Sie spielt mit dir und sorgt für dich
und stellt das Essen auf den Tisch.
Meistens ist sie lieb und nett.
Am Abend bringt sie dich ins Bett.

*(Lösungswort: **Mutter**)*

Tipp:
Legen Sie beim Vorlesen des letzten Wortes den Finger auf den Mund, um die Kinder zu erinnern, dass sie das Lösungswort nicht laut sagen sollen.

Weitere Ideen:

- Erklären Sie den Kindern, dass Wörter, die für verschiedene Begriffe stehen, *Homonyme* heißen. Nennen Sie weitere Homonyme mit dem Inlaut **tt** *(z. B. das Blatt, der Schmetterling)*. Die Kinder versuchen anschließend, die zwei Bedeutungen des Wortes zu erklären.
- Fordern Sie die Kinder auf, zu dem Wort die **Mutter** möglichst viele zusammengesetzte Nomen zu finden *(z. B. der Muttertag, das Muttermal, die Muttersprache)*.
- Fordern Sie die Kinder auf, Reimwörter zu den Wörtern die **Mutter** und das **Bett** zu finden *(z. B. die Mutter – die Butter, das Futter, der Kutter; das Bett – nett, fett, das Quartett)*. Schreiben Sie die Wörter an die Tafel und lassen Sie die Kinder den Doppelkonsonanten **tt** markieren.
- Geben Sie weitere Wörter mit dem Doppelkonsonanten **tt** vor und lassen Sie die Kinder Reimwörter dazu finden *(z. B. die Latte – die Platte, die Ratte, die Watte; das Gitter – der Ritter, der Splitter, das Gewitter)*.

U u Das Geisterhaus

Material: *keines*

So geht es:
Erklären Sie den Kindern, dass in der Geschichte manche Wörter fehlen, die mit dem Buchstaben U/u beginnen. Die Kinder sollen die Wörter während des Vorlesens laut rufen. Sie lesen die Geschichte vor. An den mit Klammern markierten Stellen sprechen Sie nur den Anlaut U/u. Sollten die Kinder Schwierigkeiten haben, ein Wort zu finden, sprechen Sie auch den zweiten oder dritten Buchstaben des Wortes.

Die Koffer waren im Auto verstaut, die Fahrräder auf dem Dachgepäckträger festgeschnallt. Nun endlich konnte die Fahrt in den **U…** ***(Urlaub)*** beginnen. Papa fuhr auf dem schnellsten Weg durch die Stadt zur Autobahn. Ulli hatte auf dem Rücksitz seinen Rucksack dabei, denn es würde eine lange Fahrt werden. Darin waren ein Buch über Pumas, das Kartenspiel **U…** ***(Uno)***, ein Kuscheltier, ein Glas mit einer Lupe und dazu eine Pinzette. Der Rucksack blieb aber erst einmal zu. Ulli sah lieber aus dem Fenster. Das gleichmäßige Geschaukel und Gebrumme des Autos machten ihn ganz müde. Die Familie war noch gar nicht lange unterwegs, da entdeckte Papa eine Autoschlange vor sich.
„Mist", fluchte er. „Jetzt stehen wir im Stau. Schuld daran ist bestimmt ein **U…** ***(Unfall)***."
Im Schritttempo fuhren sie weiter. Wie die Schnecken kamen sie voran. Mama sah immer wieder ungeduldig auf ihre **U…** ***(Uhr)***. So vergingen die Minuten und schließlich eine Stunde. Zu Fuß wären sie schneller gewesen. Papa fuhr bei der nächsten Abfahrt von der Autobahn herunter und sagte: „Dann nehmen wir eben einen anderen Weg." Ob das die richtige Entscheidung war? Es dauerte nicht lange und sie hatten sich verfahren. Kein Ortsschild, kein Wegweiser, nur endloser Wald, rechts und links. Und die Sonne am Horizont würde auch bald **u…** ***(untergehen)***. Sie fuhren immer weiter und nicht ein Auto begegnete ihnen auf der ungeraden, schmalen Straße. Sie schienen ganz allein auf dieser Welt zu sein. Da entdeckte Ulli durch die Bäume hindurch ein Haus.
„Halt Papa, dort wohnt jemand, da können wir fragen, wo wir sind." Gesagt, getan. Papa parkte am Straßenrand und sie gingen quer durch den Wald.
Inzwischen war es dunkel geworden und Ulli gruselte sich. Ihm war der Wald **u…** ***(unheimlich)***. Die Äste knackten beim Laufen und ganz in der Nähe rief ein **U…** ***(Uhu)*** in die Nacht.
Dann standen sie vor einem großen, eisernen Tor. An beiden Seiten umschloss eine hohe Mauer das baufällige Haus. Ulli suchte eine Klinke, doch die gab es nicht.
„Hier ist offen", flüsterte Mama und drückte einen Torflügel auf. „Unglaublich, ein Geisterhaus", entfuhr es Ulli, als er das Gemäuer aus der Nähe sah. Alles war von Pflanzen überwuchert. Es sah aus wie in einem tropischen **U…** ***(Urwald)***. Bis auf das Dach, um die Fenster herum, rankten sich seltsame Gewächse. Wo einst Gemüsebeete gewesen waren, wucherte nur noch **U…** ***(Unkraut)***. Ulli stieg mutig die Treppenstufen hinauf, die im Mondlicht weiß schimmerten und klopfte an die Holztür. Sie sprang sofort auf und ein Gespenst schwebte mitten darin und sah Ulli mit riesigen Kulleraugen an. Ulli stand vor Schreck der Mund offen.

„Ulli? Ulli? He Ulli, aufwachen! Wir sind da", flüsterte seine Mama. „Du hast die ganze Fahrt geschlafen und das mit offenem Mund!"

U u Das Geisterhaus

Weitere Ideen:

- Nutzen Sie die unterstrichenen Wörter aus der Geschichte mit dem An-, In- und/oder Endlaut **U/u**. Nennen Sie die Wörter einzeln und lassen Sie jeweils ein Kind die Stellung des Buchstabens (Anfang, Mitte, Ende) in jedem Wort bestimmen.
- Was würden die Kinder zur Beschäftigung auf einer langen Autofahrt mitnehmen? Fordern Sie die Kinder auf, Gegenstände mit dem An- oder/und Inlaut **U/u** zu finden. Lassen Sie auch unrealistische Gegenstände zu, damit die Kinder mit Spaß viele Wörter finden können.
- Wer kennt einen Vor- oder Nachnamen mit dem An-, In- oder/und Endlaut **U/u**? *(z. B. Ullrich, Uta, Lulu, Luca, Schuhmann, Urban …)*
- Welche Vor- und Nachnamen mit dem An-, In- und/oder Endlaut **U/u** finden wir in unserer Klasse?
- Kennen die Kinder bereits das ganze Alphabet, verbinden Sie eine schwierigere Aufgabe mit einem Wettspiel: Schreiben Sie über die ganze Tafelbreite 1., 2., 3. und 4. Sie nennen ein kurzes Wort mit maximal vier Buchstaben, welches den An-, In- oder Endlaut **U/u** beinhaltet. Jeweils zwei Kinder, die nebeneinander und mehrere Schritte von der Tafel entfernt stehen, bestimmen, an welcher Stelle der Buchstabe steht, rennen an die entsprechende Tafelseite und schlagen mit der flachen Hand unter die zutreffende Ziffer. Das schnellste Kind erhält einen Punkt. Danach ist das nächste Paar mit dem nächsten Wort an der Reihe. Beenden Sie das Spiel, wenn alle Kinder gleich oft an der Reihe waren, also je nach Kinderzahl nach drei, vier oder fünf Durchgängen.

Wortvorschläge:

nun, das Buch, die Brut, die Uhr, bunt, dazu, der Puma, nur, der Flug, der Mund, du, die Lupe, zur, das Blut, die Unke, die Kuh, die Tube, rund, und, der Spuk, das Tuch, zu, der Fuß, die Ulme, der Bus, die Glut, die Bude, stur, der Mut, nanu, der Hut, klug, der Kuss, um, der Fund

V v Wenn ich groß bin …

Material:
drei Stühle, drei DIN-A5-Blätter, ein Stift, Kreppband

Vorbereitung:
Schreiben Sie die drei Vorsilben ver-, vor- und voll- in großer Schrift auf je ein Blatt. Kleben Sie jedes Blatt an die Rückenlehne (Seite der Sitzfläche) eines Stuhles, sodass die Vorsilben lesbar sind. Stellen Sie die Stühle nebeneinander auf. Markieren Sie auf dem Boden eine Startlinie mit Kreppband, die ungefähr einen Abstand von 6 Metern zu den Stühlen hat.

So geht es:
- Drei Kinder stehen in einer Linie nebeneinander am Start. Die anderen Kinder stehen ebenfalls zu dritt in Reihen dahinter.
- Sie lesen den Anfang der Geschichte vor. Ab den Aussagen der Kinder lesen Sie immer nur einen Satz, ohne die in Klammern stehende Vorsilbe, vor.
- Die ersten drei Kinder ordnen dem Verb am Ende des Satzes die richtige Vorsilbe zu, indem sie möglichst schnell zu dem Stuhl mit der richtigen Vorsilbe rennen und sich daraufsetzen.
- Das Kind, welches zuerst auf dem richtigen Stuhl sitzt, nennt das Verb.
- Die drei Kinder stellen sich wieder hinten an der 3er-Reihe an.
- Sie lesen den folgenden Satz für die nächsten drei Kinder vor usw.

Weitere Ideen:

Frau Veilchen, die Klassenlehrerin, stellt den Kindern eine Aufgabe: „Was möchtet ihr machen, wenn ihr erwachsen seid? Damit meine ich nicht nur den Beruf, den ihr erlernen wollt. Vielleicht habt ihr einen ganz besonderen Wunsch oder einen Traum? Jeder von euch überlegt sich dazu einen Satz.“
Da melden sich schon die ersten Kinder.
Vera sagt: „Ich möchte in einem coolen Laden arbeiten und Klamotten ***(ver-)*** **kaufen**.“
Venka sagt: „Ich möchte Artistin werden und Kunststücke ***(vor-)*** **führen**.“
Vadim sagt: „Ich will Supermann werden und Heldentaten ***(voll-)*** **bringen**.“
Viktor sagt: „Ich möchte Tierarzt werden, **verletzten** Tieren helfen und sie ***(ver-)*** **binden**.“
Valentin sagt: „Ich will einen **Vulkan** mit **Lava** sehen und ein neues Land entdecken und ***(ver-)*** **messen**.“
Vlade sagt: „Ich möchte Dichterin werden und allen Menschen meine **Verse** ***(vor-)*** **tragen**.“
Vincent sagt: „Ich möchte **vielleicht** in der Forschung arbeiten und schlimme **Viren** und Bakterien ***(ver-)*** **nichten**.“
Viola sagt: „Ich möchte an einer Rennstrecke arbeiten und die Autos ***(voll-)*** **tanken**.“
David sagt: „Ich möchte Kommissar werden und **Verbrecher** ***(ver-)*** **haften**.“
Verena sagt: „Ich möchte in der Werbung arbeiten und neue Produkte ***(vor-)*** **stellen**.“
Viktor sagt: „Ich möchte Biobauer werden und mein eigenes **Vieh** und Gemüse ***(ver-)*** **arbeiten**.“
Vito sagt: „Ich will im Burgerladen arbeiten und mich den ganzen Tag mit Burgern ***(voll-)*** **stopfen**.“
Vada sagt: „Ich will als Schauspielerin den Zuschauern im Theater etwas ***(vor-)*** **spielen**.“
Kevin sagt: „Ich möchte Richter werden und Straftäter ***(ver-)*** **urteilen**.“
Viggo sagt: „Ich will mich nie wieder streiten und dass alle Menschen auf der Welt sich ***(ver-)*** **tragen**.“

V v Wenn ich groß bin …

Vesper sagt: „Ich will bei der Feuerwehr brennende Häuser mit dem Wasserschlau *(voll-)* **spritzen**."
Vilson sagt: „Ich möchte ein **cleverer** Autoverkäufer werden und ganz **viel** Geld *(ver-)* **dienen**."
Vitali sagt: „Ich möchte Zauberkünstler werden und den Leuten die tollsten Illusionen *(vor-)* **gaukeln**."
Veit sagt: „Ich will Bundeskanzler werden und für mein **Volk** mit anderen Regierungen *(ver-)* **handeln**."
Vicky sagt: „Ich möchte mich in den tollsten und schönsten Mann der Welt *(ver-)* **lieben**."
Valerie sagt: „Ich möchte ein Musikstar werden und auf großen Bühnen meine Lieder *(vor-)* **singen**."
Eva sagt: „Ich will in einer **Villa** wohnen und den Pool mit **Kaviar** oder Schokosoße *(voll-)* **füllen**."
Vasco sagt: „Ich möchte **Vater** von **vier** Kindern werden und alle meine Kinder *(ver-)* **wöhnen**."

- Legen Sie an der Tafel eine Tabelle mit vier Spalten an. Geben Sie den Kindern Verben vor, die sich mit mehreren Vorsilben verbinden lassen. Füllen Sie gemeinsam mit den Kindern die Tabelle und lassen Sie die Kinder Wortgruppen bilden, die ihnen bewusst machen, wie die Vorsilbe die Bedeutung eines Verbes verändern kann.

Verben	ver-	vor-	voll-
bringen	verbringen	vorbringen	vollbringen
tragen	vertragen	vortragen	
stellen	verstellen	vorstellen	vollstellen
stopfen	verstopfen		vollstopfen
spielen	verspielen	vorspielen	
spritzen	verspritzen		vollspritzen

- Haben die Kinder Freude am Bilden neuer Verben, können Sie weitere Verben vorschlagen *(z. B. lassen, lesen, ziehen, machen, sagen, laufen, nehmen, schicken, geben, strecken)*.
- An welche Vornamen aus der Geschichte können sich die Kinder erinnern? Welche Stellung hat der Buchstabe V/v darin?
- Lesen Sie die Aussagesätze, in denen weitere Wörter mit dem Buchstaben V/v vorkommen (fett markiert) noch einmal vor. Lassen Sie die Kinder die einzelnen Wörter mit V/v nennen und deren Stellung im Wort bestimmen.
- Gibt es Wörter mit dem Buchstaben v am Wortende? *(z. B. brav, der Nerv, aktiv, das Objektiv)*

Tipp:
Machen Sie die Kinder auf die zwei verschiedenen Sprechweisen des Buchstabens aufmerksam *(z. B. bei den Wörtern: der Vater, die Villa)*.

W w Ein wunderlicher Wald

Material:
ein Gegenstand, der ein kurzes, lautes Geräusch machen kann *(z. B. Hupe, Buzzer, Quietschente, Schlüsselbund …)*

So geht es:
Fordern Sie die Kinder auf, genau zuzuhören und den fehlenden Buchstaben bei manchen Wörtern zu erkennen, ohne ihn sofort zu nennen. Sie lesen die Reimgeschichte langsam vor, wobei Sie den Buchstaben W/w jeweils durch ein vorher vereinbartes Geräusch ersetzen. Wurde der Buchstabe von den Kindern erkannt, lesen Sie die Geschichte noch einmal vor, wobei Sie nun jeweils das Reimwort weglassen, welches die Kinder im Chor ergänzen.

Ich ging im ***(W)*ald** spazieren.
Was sollte schon passieren?
Das ***(W)*etter** war ganz ***(w)*undervoll**.
Der ***(W)*ind** ***(w)*ehte** nicht allzu doll.
Nur ein paar ***(W)*olken** war'n zu sehen,
beruhigt konnte ich ***(w)*eitergehen**.
Nach einer ***(W)*eile** merkte ich,
hier war etwas sehr ***(w)*underlich**.
Ein ***(W)*aschbär** saß am ***(W)*egesrand**
mit einer ***(W)*urst** in seiner Hand.
Ganz ***(w)*eit** oben im Geäst
baute ein ***(w)*eißer** ***(W)*olf** sein Nest.
Eine dicke ***(W)*einbergschnecke**
raste ***(w)*ütend** um die Ecke,
rannte dieses ***(W)*iesel** um.
Das fand's nicht ***(w)*itzig**, sondern dumm.
Ein ***(W)*ildschwein** sprang von Ast zu Ast.
Die ***(w)*ackelten** unter der Last.
Eine Armee von ***(W)*aldameisen**
trug einen ***(W)*ecker** zum Verspeisen.
Mir blieb zum ***(W)*undern** keine Zeit.
War das alles ***(W)*irklichkeit**?

Weitere Ideen:

- Welche Tiere mit dem Anfangsbuchstaben W kennen die Kinder noch? *(z. B. die Wespe, der Wurm, die Wühlmaus, der Wanderfalke, der Wal, der Weberknecht, der Waldkauz)*
- An welche Adjektive aus der Geschichte mit dem Anfangsbuchstaben w können sich die Kinder erinnern? *(wundervoll, wunderlich, weit, weiß, wütend, witzig)*
  Fallen den Kindern noch weitere Adjektive mit dem Anfangsbuchstaben w ein? *(z. B. wichtig, würzig, windig, wunderbar, wässrig)*
- Wer kann einen Satz bilden, in dem jedes Wort mit dem Buchstaben W/w beginnt? *(z. B. Wildschweine wandern weit weg.)*

Anlaut

W Wer, wie, was?

Material: *keines*

Tipp:
Lassen Sie auch Antworten zu, die nicht in den Klammern stehen, aber auch realistisch sind.

So geht es:
Die Kinder stehen paarweise in einer Reihe oder an ihrem Tisch. Sie lesen den ersten Fragesatz für das erste Paar vor. Das Kind, welches die richtige Lösung nennt, stellt sich neben das folgende Paar. Sie lesen den nächsten Satz vor und das Kind mit der schnellsten richtigen Lösung geht wieder zu dem darauffolgenden Paar. Wer konnte am Ende am weitesten gehen?

Wer kann auf tausend Beinen gehen? ***(der Tausendfüßler)***
Wo kann man Sterne leuchten sehen? ***(am Himmel)***
Welcher Vogel kann nicht fliegen? ***(der Strauß)***
Worauf kann ein Mensch sich wiegen? ***(auf der Waage)***
Wen sehen wir zur Weihnachtszeit? ***(den Weihnachtsmann, den Nikolaus)***
Was machen Kinder, wenn es schneit? ***(rodeln, einen Schneemann bauen)***
Wozu nutzt man die Badewanne? ***(zum Baden, zum Duschen)***
Woraus besteht die Kaffeekanne? ***(aus Keramik, aus Glas)***
Woher kommt der Regen? ***(aus den Wolken)***
Womit kann man fegen? ***(mit dem Besen)***
Wessen Nase ist ein Rüssel? ***(die des Elefanten)***
Wohin steckt man einen Schlüssel? ***(ins Schloss)***
Welches Blatt wächst nicht am Baum? ***(ein Papierblatt)***
Wann entsteht vielleicht ein Traum? ***(nachts, beim Schlafen)***
Worin braten wir das Fleisch? ***(in der Pfanne)***
Wem gehört im See der Laich? ***(der Kröte, dem Frosch)***

Weitere Ideen:

- Können sich die Kinder an das richtige Fragewort erinnern? Lesen Sie die Fragesätze mit den Antworten noch einmal einzeln ohne das Fragewort vor. Die Kinder ergänzen das richtige Fragewort im Chor.
- Es gibt noch weitere Fragewörter mit dem Anfangsbuchstaben w (*z. B. welche, welchen, welchem, warum, weshalb, weswegen, wieso, wie, wofür, wodurch, worum, worüber, wobei, wovon, woran, worunter, wovor, wohinter …*).
Schreiben Sie einige davon an die Tafel. Fordern Sie die Kinder auf, sich ein Fragewort auszusuchen und damit eine interessante Frage zu formulieren, welche die anderen Kinder beantworten. Geben Sie den Kindern dafür einige Minuten Zeit zum Nachdenken.

X Die Hexe Kunigunde

Material: *keines*

So geht es:
Die Kinder räumen Tische und Stühle leer. Sie erklären den Kindern, dass auf dem Fußboden magische Hexenkräfte wirken. Immer wenn sie ein Wort mit dem Wortstamm **hex** hören, müssen sie schnell auf einen Tisch oder Stuhl flüchten. Legen Sie fest, dass auf Tischen nur gesessen, nicht gestanden wird. Die Kinder laufen vorsichtig kreuz und quer durch den Raum. Sie lesen die Geschichte vor und stoppen jeweils bei einem **Hex**-Wort, bis alle Kinder geflüchtet sind. Sobald Sie weiterlesen, laufen die Kinder weiter.

Die **Hexe** Kunigunde,
die saß zu später Stunde
in ihrem **Hexenhaus**
und traute sich nicht raus.
Draußen war es bitterkalt
und im ganzen **Hexenwald**
war kein Gras, kein Moos zu sehen,
denn der Schnee tat kräftig wehen.
„Du doofer, kalter, weißer Schnee,
mach‘ dich endlich fort und geh'“,
wünschte sich die **Hexe** sehr,
doch es schneite umso mehr.
Die **Hexe** nahm das Zauberbuch
und suchte einen Schnee-weg-Fluch.
Doch es war leider wie **verhext**,
nichts war zu finden in dem Text.
Sie holte fix das Lexikon,
doch auch da stand nichts davon.
Die **Hexe** sah den Flocken zu,
überlegte noch mal ganz in Ruh'.
Nach exakt 30 Sekunden
war die Lösung schon gefunden.
„Ich flieg' mit meiner Hütte weg
und such' mir einen andren Fleck.“
Hokus, pokus **Hexenspiegel**,
an der Hütte wuchsen Flügel.
Hokus, pokus **Hexenteller**,
auf dem Dach wuchs ein Propeller.
Hokus, pokus **Hexenschmaus**,
schon flog es los, das **Hexenhaus**,
nach Mexiko zum **Hexer** Fritz,
der hatte nicht nur Charme, auch Witz.
Sein **Hexenhaus** am Meeresstrand
stand auf warmem, weichem Sand.
Genau dort flog die **Hexe** hin,
nach einem Bad stand ihr der Sinn.
Mit einer lauten Explosion
landete die **Hexe** schon.
Sie sprang aus ihrem Kittel raus,
boxte an des **Hexers** Haus.
„Hallo Fritz, schön, dich zu sehen,
komm und lass uns schwimmen gehen.“

Weitere Ideen:
- Fordern Sie die Kinder auf, zusammengesetzte Nomen mit dem Wort **Hexen** zu finden *(z. B. der Hexenbesen, das Hexenfeuer, der Hexenkessel)*.
- Lassen Sie die Kinder mit diesem Nomen und der Einleitung **Hokus, pokus** selbst Zaubersprüche formulieren *(z. B. Hokus, pokus Hexenbesen, du bist jetzt ein Meereswesen)*.
- Lesen Sie die Zweizeiler der Geschichte vor, in denen andere Wörter mit dem Buchstaben **x** vorkommen (unterstrichen). Die Kinder nennen jeweils das entsprechende Wort bzw. Wörter. Schreiben Sie dieses bzw. diese an die Tafel und markieren Sie oder die Kinder den Buchstaben **x**.
- Kennen die Kinder weitere Wörter mit dem Buchstaben **X/x**? *(z. B. die Axt, die Box, der Mix, die Nixe, das Taxi, der Mixer, das Xylofon, extra, extrem, feixen)*

An-, In-, Endlaut

Y y Theo und das Wimmelbuch

Material: *keines*

So geht es:
Legen Sie an der Tafel eine Tabelle mit drei Spalten an und tragen Sie in je eine Spalte die drei Sprechweisen für den Buchstaben Y/y ein. Erklären Sie den Kindern, dass sie in dieser Geschichte Wörter mit dem Buchstaben Y/y finden sollen. Das ist eine schwierige Aufgabe, da es drei Sprechweisen für diesen Buchstaben gibt. Sie lesen jeweils einen Satz der Geschichte langsam vor. Finden die Kinder in dem Satz kein Wort mit dem Buchstaben Y/y im An-, In- oder Endlaut, schütteln sie den Kopf. Vermuten die Kinder ein Wort mit diesem Buchstaben im Satz, melden sie sich. Ein Kind nennt das Wort und bestimmt, in welche Spalte es gehört. Sie tragen das Wort in die Tabelle ein und markieren den Buchstaben Y/y.

gesprochen wie „Ü“		gesprochen wie „I“	gesprochen wie „J“
Ägypten	Dynamit	Baby	Bayern
Hyänen	Pyjama	Teddy	Yacht
Pyramiden	Gymnastik	Pony	Yuccapalme
Labyrinth		Handy	

Theo mag Wimmelbücher. Darin gibt es viel zu entdecken. Seine Oma aus **Bayern** hat ihm ein neues Buch geschickt. Darauf steht ganz groß „**Ägypten**“. Theo war in dem Land schon einmal im Urlaub. Es hat ihm dort sehr gut gefallen. Theo schlägt das Buch auf. Quer über die erste Buchseite schlängelt sich der Nil, der längste Fluss Afrikas. Darauf entdeckt Theo viele Fischerboote und eine **Yacht**. Krokodile schauen den Fahrzeugen hinterher. Neben einer **Yuccapalme** sieht er zwei Kamele. Die Tiere sind in dem Land sehr wichtig und teuer. Ein Bauer hütet Schafe und Ziegen. Theo entdeckt auch wilde Tiere. Schakale und **Hyänen** ruhen sich im Schatten aus. Auf einem Stein sieht er einen Skorpion. Es gibt noch mehr auf dieser Seite zu sehen. Es wimmelt von Tieren. Doch Theo ist neugierig. Er blättert die Seite um und entdeckt mehrere **Pyramiden**. Theo erinnert sich an einen Ausflug im Urlaub zu diesen riesigen Bauwerken. Leider konnte er in keine **Pyramide** hineingehen. Doch hier im Buch sieht Theo, was im Inneren ist. Er betrachtet ein **Labyrinth** aus Gängen und Kammern. Die Grabkammer ist genau in der Mitte. Darin liegt die Mumie des Pharaos. Theo weiß, dass es früher Grabräuber gab. Die Diebe haben sich Wege mit **Dynamit** freigesprengt. Viele wertvolle Grabbeigaben wurden gestohlen. Theo blättert weiter und entdeckt ein großes Haus. Er kann in die Wohnungen hineinsehen. In einem Zimmer schläft ein **Baby** in einem Korb. Eine Familie sitzt zum Essen auf einem bunten Teppich. Ein kleines Mädchen spielt mit Murmeln. Im Regal hinter ihr sitzt ein **Teddy**. Ein anderes Kind schaukelt auf einem **Pony**. Theo sieht sich einen Schlafraum an. Dort hängen bunte Teppiche an der Wand. Ein Mann steht im **Pyjama** am Fenster. Seine Frau macht **Gymnastik**. Auf dem flachen Dach des Hauses steht ein Bauarbeiter. Er sieht sich eine Stromleitung an. Dabei telefoniert er mit seinem **Handy**. Plötzlich hört Theo es klingeln. Seine Oma kommt zu Besuch. Zusammen schauen sie sich die nächsten Seiten an.

An-, In-, Endlaut

Zz Ein Fund im Wald

Material: *keines*

So geht es:
Erklären Sie den Kindern, dass die folgende Geschichte eine Rätselgeschichte ist, in der sie einen Begriff erraten sollen. Jedes Kind soll das Wort für sich behalten und noch nicht verraten. Sie lesen die Rätselgeschichte vor. Lassen Sie die Kinder das Lösungswort in ihr Heft schreiben bzw. malen oder lassen Sie es sich von jedem Kind ins Ohr flüstern.

Ein Riese und ein **winzig** kleiner **Zwerg**, so groß wie ein **Tannenzapfen**, standen sich auf einer Lichtung gegenüber und stritten sich. Die **zwei** hatten etwas im Wald gefunden. Wunderschön und groß war das Fundstück **zwischen** altem **Holz** aus dem Boden gewachsen. Nun behauptete jeder, es gehöre ihm. Eine Eule hockte auf einem Baum und sah **zu**, wie der Streit wohl ausgehen würde.
Gerade sagte der Zwerg: „Du hättest ihn ja nicht einmal bemerkt, wenn ich dich nicht gewarnt hätte. **Zertreten** hättest du ihn mit deinen riesigen Füßen."
„Das stimmt überhaupt nicht", antwortete der Riese **zornig**. „Ich habe ihn schon von Weitem gesehen. Er gehört mir."
Der Zwerg schüttelte den Kopf und sprach weiter: „Für dich ist er viel zu klein. **Zerdrücken** würdest du ihn mit deinen dicken Wurstfingern." „Ha", lachte der Riese böse. „Für dich ist er viel zu schwer. Du hättest Mühe, ihn zu tragen, mit deinen **zarten** Ärmchen."
„Aber ich kann davon mehrere Tage essen", protestierte der Zwerg. „Ich werde einen Teil davon in der Pfanne braten und den Rest in der Sonne trocknen. Für dich ist er nur ein kleiner Happen." „Na und? **Trotzdem** schmeckt er mir gut und ich kann ja noch mehr davon suchen", sagte der Riese. „Du bist doch blind wie ein Maulwurf", beschimpfte der Zwerg den Riesen. „Du würdest nicht mal deine eigenen **Zehen** finden." „Na warte, du kleiner Wicht", drohte der Riese mit seiner mächtigen Faust und wollte den winzigen Zwerg **zermatschen**. Der sprang geschickt davon und versteckte sich hinter dem Fundstück.
Da mischte sich die weise Eule ein, die das Geschimpfe und **Gezeter** nicht mehr ertragen konnte. „Ihr streitet und streitet und werdet euch doch nicht einig. Ich mache euch einen Vorschlag: Teilt ihn! Einer bekommt den Hut und einer den Stiel."
Der Riese und der Zwerg sahen sich erstaunt an und dachten **kurz** darüber nach. Aber wirklich nur **ganz** kurz, denn schon waren sie wieder mit **Zanken** beschäftigt. Wer sollte den Hut bekommen und wer den Stiel? Und sie stritten und stritten und stritten …

*(Lösungswort: **Pilz**)*

Weitere Ideen:
- Lesen Sie die Geschichte noch einmal vor. Welche Wörter, die den Buchstaben **Z/z** beinhalten, können die Kinder finden? Lassen Sie jeweils die Stellung des Buchstabens in dem Wort bestimmen.
- Fordern Sie die Kinder auf, andere Tätigkeitswörter mit der Vorsilbe **zer-** zu bilden *(z. B. zerbeißen, zerbrechen, zerdeppern, zerfetzen, zerhacken, zersägen).*

Kapitel 2: Umlaute und ß

Wörter zaubern

Material: *keines*

So geht es:
Sie lesen die Reime ohne die in Klammern stehenden Reimwörter vor.
Die Kinder ergänzen die Reimwörter während Ihres Vortrages im Chor.

Lasst uns neue Wörter zaubern. Das geht kinderleicht.
Wir hängen eine Endung dran, schon haben wir's erreicht.
Die wunderschöne Katze wird zum kleinen **Kätzchen**.
Eine große Tatze wird zum kleinen … **(Tätzchen)**.
Der allerliebste Schatz wird zum kleinen … **(Schätzchen)**.
Ein kunterbunter Latz wird zum kleinen … **(Lätzchen)**.
Der weiße, große Schwan wird zum kleinen … **(Schwänchen)**.
Ein stolzer, bunter Hahn wird zum kleinen … **(Hähnchen)**.
Die dicke, weiße Gans wird zum kleinen … **(Gänschen)**.
Eine grüne Pflanze wird zum kleinen … **(Pflänzchen)**.
Der scheue, braune Hase wird zum kleinen … **(Häschen)**.
Eine riesengroße Nase wird zum kleinen … **(Näschen)**.
Doch was ist mit dem a passiert? Wo ist es hin, oh Schreck?
Habt ihr den neuen Laut stattdessen schon entdeckt?

Und weil ihr so schön zaubern könnt, wer hätte das gedacht?
Sagt, was passiert mit Tätigkeiten, wenn sie nur einer macht.
Fallen kann man in die Grube, doch nur einer … **(fällt)**.
Halten kann man einen Eimer, doch nur einer … **(hält)**.
Tragen kann man einen Korb, doch nur einer … **(trägt)**.
Graben kann man in der Erde, doch nur einer … **(gräbt)**.
Raten kann man viele Rätsel, doch nur einer … **(rät)**.
Braten kann man in der Pfanne, doch nur einer … **(brät)**.

Weitere Idee:
Nomen können sich auch verändern, wenn man aus der Einzahl die Mehrzahl bildet. Nennen Sie die folgenden Wörter mit dem Artikel in der Einzahl. Die Kinder bilden die Mehrzahl mit dem dazugehörigen Artikel.

das Glas – die Gläser	das Gras – die Gräser
der Gegenstand – die Gegenstände	das Band – die Bänder
der Apfel – die Äpfel	der Platz – die Plätze
der Satz – die Sätze	der Rand – die Ränder
der Arzt – die Ärzte	der Acker – die Äcker

An-, Inlaut

Öö Von einem König, der zu viel aß

Material:

ein Gegenstand, der ein lautes Geräusch erzeugt, wenn die Kinder darauf schlagen *(z. B. Trommel)*; zwei Gegenstände, die gut sichtbar und mit einer Hand zu halten sind *(z. B. Softbälle)*; ein kleiner Tisch oder eine Kiste

So geht es:

Die Kinder sitzen im Stuhlkreis. Der Tisch steht in der Mitte. Darauf liegt der Gegenstand, mit dem das Geräusch erzeugt wird *(z. B. Trommel)*. Sie verteilen die zwei Gegenstände *(z. B. Softbälle)* an zwei sich gegenübersitzende Kinder und erläutern die Spielregeln: „Ich lese euch eine Geschichte vor. Darin sind viele Quatschwörter versteckt, in denen der Laut Ö zu finden ist. Immer wenn ihr so ein Quatschwort hört, rennen die zwei Kinder, mit den Softbällen in der Hand, zur Mitte, schlagen auf die Trommel und sagen das richtige Wort. Wer ist schneller? Dann setzen sich die zwei Kinder wieder hin und geben die Softbälle an ihre rechten Nachbarkinder weiter, die beim nächsten Wort an der Reihe sind.“

In einem fernen Land regierte ein **Plönig (König)**. Er war ein schlechter König. Die Sorgen seines Volkes wollte er nicht **klören (hören)**. Er empfing keinen Besuch, niemand sollte ihn **rören (stören)**. Und wenn es doch jemand wagte, wurde der König sehr **schöse (böse)**. Nur für eine Sache hatte er immer Zeit: das Essen. Den ganzen Tag war er damit beschäftigt. Doch davon wurde der König nicht etwa dick. Nein, er wurde immer schwerer und wuchs in die **Pröhe (Höhe)**. Inzwischen war er im ganzen Land der **mößte (größte)** Mensch. So mussten nicht nur alle Türen im Schloss vergrößert werden, sondern auch einige **Schöbel (Möbel)**. Das Bett wurde verlängert. Die Stühle bekamen zusätzliche Beine, weil sie sonst unter dem schweren **Rörper (Körper)** des Königs zusammengebrochen wären.

In der Hofküche arbeiteten zehn **Wöche (Köche)**. Von früh bis spät hatten sie zu kochen, zu backen und zu braten. Ständig mussten die **Tröfen (Öfen)** beheizt werden. Überall dampfte es aus verschiedenen Pfannen und **Schlöpfen (Töpfen)**. Zum Frühstück aß der König frisch gebackene und dick belegte **Mötchen (Brötchen)**. Doch nicht eins oder zwei, sondern **knölf (zwölf)**.

Zur Mittagszeit saß der König schon wieder am Tisch und klopfte ungeduldig mit seinem **Schöffel (Löffel)** auf die Tischplatte. Dann verschlang er einen ganzen Kessel voller Gulasch mit **Spöhren (Möhren)** und dazu 20 **Födel (Knödel)**. Am Nachmittag brachte man dem König zwei **Lörbe (Körbe)** voller Kekse und Pralinen. Auf das Mahl am Abend freute er sich ganz besonders, denn dann wurden eine Vorspeise, ein Hauptgericht und eine Nachspeise serviert. Die Vorspeise bestand aus gekochten Eiern von verschiedenen **Gögeln (Vögeln)**. Danach ließ er sich ein Wildschwein schmecken und eine Schüssel randvoll mit **Rößen (Klößen)**. Zum Schluss kam das **zöstliche (köstliche)** Dessert. Der König liebte die grüne glibberige **Flötterspeise (Götterspeise)**. Der Koch kam mit der großen Schüssel, stolperte, fiel hin und kippte das Dessert auf den Boden. Der König sprang auf und beschimpfte ihn, er sei ein elender **Bölpel (Tölpel)**. Dabei stampfte er so wütend mit dem Fuß auf, dass sich der Boden unter ihm auftat. Der viel zu schwere König versank darin und wurde nie mehr gesehen.

ü Die Schnecke in der Ecke

Material: *keines*

So geht es:
Sie lesen die Reime ohne die in Klammern stehenden Reimwörter vor.
Die Kinder ergänzen die Reimwörter während Ihres Vortrages im Chor.

Es war einmal 'ne kleine Schnecke,
die hockte traurig in der … **(Ecke)**.
Sie dacht': „Ach, hätt' ich nur für eine Weile
auch so tolle **Körper**… **(teile)**.
Dann wär' ich nicht mehr schwach und klein.
Ich **würde** endlich jemand … **(sein)**.“
So träumte sie in ihrer Ecke,
dass sie Zauberkräfte … **(hätte)**.
„Hokus, pokus, rosa **Schüssel**,
vom Elefant' möcht' ich den … **(Rüssel)**.
Hokus, pokus, **Kleiderbügel**,
vom Schmetterling die schönen … **(Flügel)**.
Hokus, pokus gold'ne **Brücke**,
die zarten Beine von der … **(Mücke)**.
Hokus, pokus **Sommertrüffel**,
die großen Hörner von dem … **(Büffel)**.
Hokus, pokus **Zwiebelbrühe**,
ein Euter, wie im Stall die … **(Kühe)**.“
Doch nichts davon, so glaubt es mir,
bekam das kleine **Schnecken**… **(tier)**.
Oder ist es doch geschehen?
Habt ihr die Schnecke schon **ge**… **(sehen)**?

Tipp:
Klären Sie mit den Kindern die Bedeutung von Wörtern, die einigen unklar sein könnten *(z. B. die Trüffel, das Euter)*.

Weitere Ideen:
- An welche Wörter aus der Geschichte mit dem Buchstaben ü im Inlaut können sich die Kinder erinnern? Erstellen Sie gemeinsam ein Tafelbild, wobei Sie die Reimwörter, ohne das Bestimmungswort und mit dem Artikel, jeweils untereinanderschreiben. Ergänzen Sie die fehlenden Grundwörter aus der Geschichte. Fordern Sie die Kinder auf, weitere Reimwörter zu finden.
- Fordern Sie die Kinder auf, zu weiteren Wörtern mit dem Buchstaben ü im Inlaut Reimwörter zu finden *(z. B. die Mütze – die Grütze, die Pfütze, die Stütze; die Schürze – die Würze, die Kürze)*.
- Lassen Sie die Kinder die Fantasieschnecke malen. Ermutigen Sie die Kinder, noch andere Körperteile von Tieren zu verwenden. Oder Sie malen einen Schneckenkörper an die Tafel und die Kinder malen nacheinander verschiedene Körperteile daran.

In-, Endlaut

ß Wer bin ich?

Material: *keines*

So geht es:
Sie lesen das Rätsel langsam vor. Die Kinder ergänzen das Lösungswort am Ende gemeinsam im Chor.

Ein Buchstabe bin ich.
Wer könnte ich wohl sein?
Mich gibt es selten **groß**.
Mich schreibt man meistens klein.
Am Anfang eines Wortes
bin ich nie zu sehen.
Ich kann nur in der Mitte
oder am Ende stehen.
Du findest mich im **Grieß**
oder auch im **Spieß**.
Ich bin in dem Wort **beißen**,
in **reißen** und in **heißen**.
Du findest mich im **Kloß**,
oder auch im **Floß**.
Ich bin in dem Wort **sprießen**,
in **schließen** und in **gießen**.
Du findest mich im **Fuß**
oder auch im **Gruß**.
Ich bin zwar schwierig, doch recht nett
und alle nennen mich … **(Eszett)**.

Weitere Ideen:

- Fordern Sie die Kinder auf, Wörter aus der Geschichte zu nennen, die den Buchstaben ß beinhalten. Das Kind, welches ein Wort nennt, bestimmt die Stellung des Buchstabens in diesem Wort.
- Kennen die Kinder bereits das ganze Alphabet, suchen Sie ein oder mehrere Wörter aus dem Rätsel aus und schreiben Sie es/sie an die Tafel *(z. B. der Kloß, sprießen)*. Fordern Sie die Kinder auf, weitere Reimwörter zu finden. Schreiben Sie die genannten Reimwörter untereinander und markieren Sie oder die Kinder den Buchstaben ß. Die genannten Reimwörter, die mit dem Buchstaben s geschrieben werden, schreiben Sie darunter und markieren ebenfalls den Buchstaben s.

der Kloß
das Floß
der Schoß
bloß
groß

das Los
das Moos

sprießen
schließen
gießen
schießen

niesen
diesen
die Riesen
die Wiesen

Wer bin ich?

- Machen Sie den Kindern an folgenden Wörtern deutlich, wie die Schreibweise die Bedeutung eines Wortes verändern kann. Fordern Sie die Kinder auf, zu diesen Wörtern zwei kurze Sätze zu bilden, die jeweils eine andere Bedeutung des Wortes ausdrücken:
  - **reißen – reisen**: Ich reiße die Tüte auf. Wir reisen nach Schweden.
  - **genießen – niesen**: Wir genießen das schöne Wetter. Ich niese in mein Taschentuch.
- Suchen Sie jeweils zwei Wörter mit ß aus der Geschichte aus und fordern Sie die Kinder auf, einen sinnvollen und/oder unsinnigen Satz mit diesen Wörtern zu bilden, z. B.:
  - **beißen, der Fuß**: Ein Hund beißt in meinen Fuß. Ich beiße mit meinem Fuß in die Hand.
  - **gießen, der Grieß**: Ich gieße den Grieß in eine Schüssel. Ich gieße Grieß auf deinen Kopf.
- Nutzen Sie die Wörter mit ß für ein Wettspiel. Alle Kinder stehen an ihrem Platz. Sie nennen ein Wort mit ß aus dem Rätsel. Die Kinder müssen schnell die Wortart (Verb, Nomen, Adjektiv) bestimmen und diese laut rufen. Wer die richtige Wortart zuerst genannt hat, darf sich setzen. Um die Anzahl der Wörter zu erhöhen, verwenden Sie auch die gebeugten Formen der Verben, zusammengesetzte Nomen, die Mehrzahl der Nomen und die Steigerungsformen der Adjektive.
  Macht den Kindern der Wettbewerb Spaß, wiederholen Sie ihn mit anderen Wörtern der drei Wortarten.

Weitere Wörter mit ß:

grüßen, fleißig, das Maß, süß, der Strauß, barfuß, weiß, der Schweiß, die Soße, fleißig, büßen, die Straße, rußig, der Meißel, fließen, der Spaß, heiß, der Fraß, schmeißen

Kapitel 3: Buchstaben-kombinationen

Anlaut

st

Was dein Körper alles kann

Material: *keines*

So geht es:
Die Kinder stehen verteilt im Raum. Lesen Sie die Reimgeschichte langsam vor. Die Kinder machen die genannten Bewegungen gleichzeitig mit. Machen Sie beim Vorlesen nach jeder Bewegungsform eine kleine Pause, damit die Kinder genügend Zeit zur Bewegungsumsetzung haben.

Jeder Mensch hat einen Körper,
den er auch bewegen kann,
einen Kopf und einen Rumpf,
Arme, Beine sind daran.
Bist du ganz verschlafen
und willst den Körper wecken,
musst du dich zuerst
einmal kräftig **strecken**.
Von früh bis abends immerfort
kannst du mit den Beinen gehen.
Wenn du keine Lust mehr hast,
bleibst du einfach **stehen**.
Wie der Hahn auf seinem Hof
kannst du auch **stolzieren**
oder wie ein wildes Pferd
ganz schnell galoppieren.
Sitzt du auf dem Hinterteil,
kannst du kräftig **strampeln**
oder wenn du wütend bist,
mit den Füßen trampeln.
Wenn du eine Treppe siehst,
kannst du darauf **steigen**.
Doch Vorsicht, deinen Kopf
musst du nach unten neigen.
Hast du Schmutz an deinen Schuhen,
musst du kräftig **stampfen**
und mit deinem Mund
kannst du Kuchen mampfen.
Bist du ganz besonders glücklich,
kann dein Gesicht schön **strahlen**
und mit deinen Händen
kannst du ganz toll malen.
Nur fliegen kannst du leider nicht
wie Meisen und wie Finken.
Doch du kannst zum Abschluss
deinen Freunden winken.

Weitere Ideen:
- Die Kinder tragen alle Verben aus der Geschichte, die mit der Buchstabenkombination st beginnen, zusammen. Erinnern sich die Kinder an einige Wörter nicht mehr, lesen Sie den entsprechenden Reim bzw. die Zeile noch einmal ohne das gesuchte Wort vor.
- Fordern Sie die Kinder auf, zu einigen Verben möglichst viele verwandte Wörter zu finden, z. B.:
  - **strecken** – streckend – überstrecken – die Streckung – die Strecke – ausstrecken ...
  - **steigen** – steigend – umsteigen – übersteigen – aussteigen – die Steigung ...
  - **strahlen** – überstrahlen – bestrahlen – der Strahler – die Strahlung – ausstrahlen ...
- Was kann der Mensch noch? Die Kinder suchen weitere Verben mit der Buchstabenkombination st im Anlaut *(z. B. staunen, streiten, stehlen)*. Diese können die Kinder erst pantomimisch darstellen und die anderen Kinder sollen die Wörter erraten.

Endlaut

st Der Horst im Forst

Material: *keines*

So geht es:
Lesen Sie zunächst nur den Titel der Reimgeschichte vor und fragen Sie die Kinder, was ein Forst ist (siehe „Gut zu wissen"). Danach lesen Sie die Reime ohne die in Klammern stehenden Reimwörter vor. Die Kinder ergänzen die Reimwörter während Ihres Vortrages im Chor.
Stellen Sie anschließend die Frage: Mit welcher Buchstabenkombination enden alle Reimwörter? (st)

Es war einmal ein Wanderbursche.
Sein Name, der war **Horst**.
Der wanderte ganz munter
durch einen großen … **(Forst)**.
Auf seinem Rücken trug er
nur eine leichte **Last**.
Er schaute sich im Walde um,
ganz ohne Eile, ohne … **(Hast)**.
Am Wegesrand entdeckte er,
leider nur den **Rest**,
von einem abgestürzten
kleinen Vogel… **(nest)**.

Schließlich kam die Mittagszeit.
Der Horst machte nun **Rast**.
Er setzte sich ganz hungrig
auf einen alten … **(Ast)**.

Mit einer Flasche Wasser
löschte er den **Durst**.
Auch den Hunger stillte er
mit Brot und etwas … **(Wurst)**.
Dann war er gestärkt,
der Wanderbursche **Horst**
und wanderte mit Freude
weiter durch den … **(Forst)**.

Weitere Idee:
Kennen die Kinder bereits das ganze Alphabet, schreiben Sie die Vokale a, e, o mit der Buchstabenkombination st untereinander an die Tafel. Fordern Sie die Kinder auf, mit nur einem Buchstaben im Anlaut viele neue Wörter zu bilden. Schreiben Sie die genannten Wörter hinter die entsprechende Buchstabenkombination.
Sie können die Kinder auch in Kleingruppen teilen und jeder Gruppe eine Buchstabenkombination oder alle Buchstabenkombinationen zuteilen, zu der sie möglichst viele neue Wörter findet. Nach einer angemessenen Zeit tragen die Kleingruppen ihre Ergebnisse zusammen.

ast – die Last, die Hast, die Rast, der Gast, der Mast, fast
est – der Rest, das Nest, das Fest, der Test, die Pest
ost – die Post, der Rost, die Kost, der Most

Gut zu wissen:
Früher nannte man einen königlichen Wald einen Forst. Heute wird damit ein bewirtschafteter Wald allgemein bezeichnet.

Anlaut

Sp sp Specht, Spatz und Sperling

Material: *keines*

So geht es:

- Erklären Sie den Kindern, dass in der Reimgeschichte immer die gleichen Buchstaben im Anlaut fehlen. Für diese Buchstaben steht jeweils der Buchstabe **F/f** (siehe Text im roten Kasten). Die Kinder sollen beim Hören der Geschichte herausfinden, welche Buchstaben fehlen.
- Legen Sie fest, wie die Lösung erfolgen soll, entweder aufschreiben, ins Ohr flüstern oder laut sagen.
- Sie lesen die Geschichte mit den falschen Buchstaben langsam vor.
- Die Kinder geben ihre Lösung bekannt.
- Lesen Sie jeweils einen Reim mit den falschen Wörtern vor und lassen Sie die Kinder den Reim richtig sagen (siehe Text im grünen Kasten).

Ein frachloser Fecht
und ein frechender Fatz
fazieren zum Ferling
am Fußballplatz.
Der faßige Ferling
fuckt auf das Fiel.
Der fortliche Fieler
verfehlt sein Ziel.
Ein fanischer Fitz
fäht nach dem Ball.
Die finnende Finne
hört einen Knall.
Fecht, Fatz und Ferling,
die fringen umher.
Den fielenden Fitz
freut das sehr.

Ein **spr**achloser **Sp**echt
und ein **spr**echender **Sp**atz
spazieren zum **Sp**erling
am Fußballplatz.
Der **sp**aßige **Sp**erling
spuckt auf das **Sp**iel.
Der **sp**ortliche **Sp**ieler
verfehlt sein Ziel.
Ein **sp**anischer **Sp**itz
späht nach dem Ball.
Die **sp**innende **Sp**inne
hört einen Knall.
Specht, **Sp**atz und **Sp**erling,
die **spr**ingen umher.
Den **sp**ielenden **Sp**itz
freut das sehr.

Anlaut

Sp sp Specht, Spatz und Sperling

Weitere Ideen:

- Die Kinder sprechen einzelne Sätze gemeinsam oder im Chor als Schnellsprechsätze. Besonders geeignet sind folgende Sätze:
  - *Ein sprachloser Specht und ein sprechender Spatz spazieren zum Sperling am Fußballplatz.*
  - *Specht, Spatz und Sperling, die springen umher.*
- Fordern Sie die Kinder auf, möglichst viele verwandte Wörter zu folgenden Wörtern zu finden, z. B.:
  - das Spiel: der Spieler – die Spielerin – spielend – verspielt – die Spielzeit …
  - springen: der Sprung – springend – überspringen – losspringen – sprunghaft …
- Nutzen Sie die Wörter mit Sp/sp im Anlaut zum Üben der Bestimmung der drei Wortarten Nomen, Verben und Adjektive. Lesen Sie dazu jeweils einen Reim vor und nennen Sie nacheinander die zu bestimmenden Wörter.
- Fordern Sie die Kinder auf, weitere Nomen, Verben und Adjektive mit dem Anlaut Sp/sp zu finden und diese laut und deutlich auszusprechen.
- Nutzen Sie die Wörter der drei Wortarten für ein Bewegungsspiel. Zeichnen Sie über die ganze Tafelbreite jeweils ein Symbol für jede Wortart, z. B.:
  Nomen = ein Haus,
  Verb = ein gehendes Strichmännlein,
  Adjektiv = ein lachendes Gesicht.
  Sie nennen ein Wort mit dem Anlaut Sp/sp. Jeweils zwei Kinder, die nebeneinander, mehrere Schritte von der Tafel entfernt stehen, bestimmen die Wortart, rennen an die entsprechende Tafelseite und schlagen mit der flachen Hand unter das zutreffende Symbol. Das schnellste Kind erhält einen Punkt. Danach ist das nächste Paar mit dem nächsten Wort an der Reihe. Verwenden Sie dabei auch noch nicht genannte Wörter mit dem Anlaut Sp/sp.

Wortvorschläge:

Nomen: der Spitzer, der Spagat, das Spray, der Spaß, der Spiegel, die Spaghetti, der Spuk

Verben: spotten, sparen, sprengen, spalten, speichern, spitzen, spülen, sprühen, spritzen

Adjektive: spitz, spannend, spritzig, sparsam, speckig, spießig, spontan, sperrig, speziell

Tipps:

- Unterrichten Sie eine leistungsstarke Klasse, verraten Sie vorher nicht, dass die Buchstabenkombination Sp/sp durch den Buchstaben F/f ersetzt wird. Lassen Sie die Kinder die Vertauschung herausfinden.
- Klären Sie mit den Kindern die Bedeutung von Wörtern aus der Geschichte, die einigen unklar sein könnten *(z. B. der Sperling, der Spitz)*.

An-, In-, Endlaut

Sch sch

Das Mäuschen in der Schule

Material: *keines*

So geht es:
Sie sitzen mit den Kindern in einem Stuhlkreis. Lesen Sie den Anfang der Geschichte vor. Die Kinder denken sich den weiteren Geschichteninhalt aus. Jedes Kind erzählt der Reihe nach einen Satz der Geschichte weiter. Damit es eine lustige oder verrückte Geschichte wird, geben Sie jeweils ein Wort mit der Buchstabenkombination **Sch/sch** vor, welches das jeweilige Kind in seinen Satz einbaut. Bevor Sie damit beginnen, fordern Sie die Kinder auf, sich ihr Wort für eine spätere Aufgabe zu merken.

Ein kleines Mäuschen tippelt über den verlassenen Schulhof. Es schnüffelt mit seinem Näschen umher. Es dauert nicht lange und schon hat es gefunden, wonach es sucht: kleine verlorene Essensreste der Kinder. Mitten auf dem Schulhof findet die kleine Maus ein Stück Käse. Zufrieden knabbert es daran herum. Der Käse ist fast aufgegessen, als das Mäuschen bemerkt, wie sich ein Kater anschleicht. Erschrocken tippelt es los, so schnell es die kurzen Beinchen erlauben. Doch wohin? Kein Versteck ist weit und breit zu sehen. Da öffnet sich die Tür vom Schulhaus. Ein Mann tritt aus der Tür. Das ist die Rettung. Bevor er sie wieder schließt, in letzter Sekunde, huscht das Mäuschen unbemerkt hinein. Als sich das Mäuschen von seinem schnellen Lauf erholt hat, schaut es durch die Glastür hinaus. Der Kater sitzt davor und schlägt mit seinem Schwanz auf den Boden. Was nun, denkt die kleine Maus. Ich muss einen anderen Ausgang finden. So macht sich das Mäuschen auf den Weg durch ein großes unbekanntes Gebäude.

Weitere Ideen:

- Jedes Kind nennt sein Wort und bestimmt die Stellung der Buchstabenkombination **Sch/sch** darin. Welche Stellung kann die Buchstabenkombination haben? Fassen Sie zusammen, dass sie im An-, In- oder Endlaut stehen kann. Fordern Sie alle Kinder auf, für jede der drei Stellungen eine Gruppe zu bilden und sich in eine Zimmerecke zu stellen. Haben sich alle Kinder gefunden, nennt jedes Kind einer Gruppe sein Wort laut und deutlich. Anschließend können Sie die Kinder zu einer gruppenweisen Schnellsprechrunde auffordern.
- Fordern Sie die Kinder auf, weiter Wörter mit der Endung **-chen** zu bilden. Dazu sollen die Kinder Nomen wählen, die mit dem Buchstaben **s** enden *(z. B. die Maus – das Mäuschen, das Haus – das Häuschen, die Gans – das Gänschen)*. Machen Sie die Kinder auf die andere Sprechweise der Endung **-schen** aufmerksam und üben Sie diese durch deutliches Sprechen einzelner Wörter im Chor oder durch einzelne Kinder.

Wörter, die Sie nennen:
der Schwamm, waschen, komisch, schnell, schwitzen, der Tisch, marschieren, schlau, die Schachtel, mürrisch, tauschen, die Schere, neidisch, rauschen, die Flasche, hübsch, der Mensch, schön, naschen, diebisch, die Schüssel, rutschen, die Tasche, futsch, schießen, morsch, der Schlüssel, schwer, die Schule

An-, In-, Endlaut
Sch
sch

Insektenforscher

Material: *keines*

So geht es:
Erklären Sie den Kindern, dass in der Geschichte viele Tiere vorkommen. Alle Tiere die mit **Sch/sch** im An-, In- oder Endlaut geschrieben werden, sind Reaktionswörter. Die Kinder gehen hintereinander im Kreis. Sie lesen die Geschichte langsam vor. Immer wenn Sie ein Reaktionswort vorlesen, wechseln die Kinder schnell die Richtung und ahmen die Fortbewegungsart des genannten Tieres nach.

Joscha und Mascha sind zu Besuch bei ihren Großeltern. Die leben auf einem großen Bauernhof. Hier haben die Geschwister nie Langeweile. Immer gibt es etwas zu entdecken und zu beobachten.
Jetzt liegen sie auf der Wiese und sehen hoch am Himmel den **Schwalben** zu. „Fliegen müsste man können“, meint Mascha verträumt. „Das wäre toll“, sagt Joscha.
In der Ferne hören die Kinder Hasso, den Hütehund, bellen. Der treibt bestimmt die **Schafe** zusammen, denkt Mascha. Plötzlich krabbelt sie etwas am Arm. „Hier sind Ameisen“, stellt sie fest und setzt sich auf. Sie schaut sich die Wiese genauer an und entdeckt eine winzig kleine **Schnecke**.
„Wo?“, fragt Joscha. „Ich sehe nichts.“ Mascha springt auf und sagt: „Ich hole Opas Leselupe. Damit finden wir noch mehr Tiere.“
Mascha rennt los und wäre beinahe auf einen **Frosch** getreten. Der springt schnell davon. Als Mascha wiederkommt, hat sie sogar zwei Lupen in der Hand und einen durchsichtigen Becher mit Deckel. „Opa meint, Insektenforscher brauchen die richtige Ausrüstung“, lacht sie. „Da, eine **Heuschrecke**“, ruft Joscha. „Die ist ja tot“, sagt Mascha und sieht sich das Tier unter der Lupe an. „Sieht echt gruslig aus.“ „Stell die dir mal so groß wie ein **Schwein** vor. Das wäre echt ein Monstertier“, flüstert Joscha.
Bald darauf entdeckt er eine Spinne. Er hält den offenen Becher hin und die Spinne marschiert geradewegs hinein. Mascha findet verschiedene Käfer. Auch die kommen in die Insektenauffangstation. Auf einer Blüte entdeckt Joscha einen **Schmetterling**. Doch der ist schneller und fliegt davon.
„Komm mal her!“, ruft Mascha ganz laut. „Ich habe eine riesige **Weinbergschnecke** gefunden.“ „Pst!“, macht Joscha. „Komm du mal her, aber leise. Ich habe etwas viel Besseres entdeckt.“
„Was denn? Wo denn?“, fragt sie neugierig.
„Da, auf dem Stein“, flüstert Joscha und zeigt ihr die Richtung. „Eine **Blindschleiche**“, staunt Mascha. „Wunderschön!“ Fasziniert beobachten die Geschwister das Tier.
„Wenn ich groß bin, will ich wirklich Tierforscherin werden“, meint Mascha. „Ich auch“, sagt Joscha und lächelt.

Weitere Idee:
Welche Tiere mit der Buchstabenkombination **Sch/sch** kennen die Kinder noch? *(z. B. die Schlange, die Schildkröte, die Schleiereule, der Schneehase, der Fisch, der Barsch, der Schwan …)*

An-, In-, Endlaut

Ch ch Jeder Mensch ist anders

Material: *keines*

So geht es:

- Kopieren Sie die Geschichte, wenn Sie nicht in dieses Buch schreiben möchten.
- Bereiten Sie die Tabelle an der Tafel vor.
- Erzählen Sie den Kindern, dass Sie für die Klasse eine Quatschgeschichte geschrieben haben. Manchmal sind Ihnen jedoch nicht die richtigen Wörter eingefallen und darum müssen die Kinder nun helfen. Es fehlen Adjektive und Nomen und alle Wörter sollen die Buchstabenkombination **Ch/ch** beinhalten.
- Tragen Sie mit den Kindern passende Wörter in einer Tabelle an der Tafel zusammen. Geben Sie eventuell die fett markierten Wörter vor. Erinnern Sie die Kinder an das leichtere Finden durch Reimwörter und bei Adjektiven an die Vorsilbe **un-**.
- Fällt den Kindern die Suche schwer, geben Sie kleine Hinweise auf einzelne Wörter *(z. B. ein weißes Getränk – die Milch)*.

Adjektive mit ch	Adjektive mit Endung -lich	Nomen mit ch
weich, reich, **wach**, flach, **richtig**, wichtig, charmant, leicht, chinesisch, hoch	**freundlich**, unfreundlich, lieblich, höflich, unhöflich, gemütlich, ungemütlich, fürstlich, rötlich, ehrlich, unehrlich, süßlich, dämlich, festlich, köstlich, niedlich, ängstlich, fröhlich, gefährlich, ungefährlich, sportlich, unsportlich, hässlich, friedlich, grässlich, gründlich	**das Dach**, das Fach, der Bach, **das Loch**, der Koch, **das Pech**, das Blech, **das Buch**, das Tuch, der Fluch, **der Luchs**, der Fuchs, **der Scheich**, der Teich, der Laich, **der Molch**, der Dolch, die Milch, der Teppich, der Storch, der Rettich, der Strauch, die Kirche

- Haben Sie ausreichend Wörter gesammelt, beginnen Sie der Reihe nach mit dem Füllen der Leerstellen in der Geschichte. Sagen Sie jeweils, ob Sie ein **Adjektiv (A)** oder ein **Nomen (N)** benötigen. Jeweils ein Kind sucht sich ein Wort aus der Tabelle aus, liest es laut vor und Sie tragen es ein. Ordnen Sie dabei den Nomen die entsprechenden Artikel zu. Streichen Sie oder das Kind das Wort an der Tafel.
- Sind alle Wörter eingetragen, erklären Sie den Kindern, dass nur noch die Vornamen fehlen. Um den Kindern zu verdeutlichen, dass ihre Namen und Aussagen rein zufällig zusammenfinden, sollen sie sich mischen. Auf Ihr Kommando: „Los!“ rennen alle Kinder kreuz und quer durch den Raum. Auf Ihr Kommando: „Stopp!“ setzen sich alle Kinder schnell im Schneidersitz vor Ihnen hintereinander.
- Lesen Sie die Geschichte vor und setzen Sie die Vornamen der Kinder der Reihe nach ein.

Tipp:
Haben Sie weniger als 24 Kinder, lassen Sie die entsprechende Anzahl von Aussagen weg. Haben Sie mehr als 24 Kinder in der Klasse, setzen Sie an beliebigen Stellen zwei statt einen Vornamen ein.

An-, In-, Endlaut

Ch ch Jeder Mensch ist anders

Stellt euch einmal vor, wir würden alle gleich aussehen. Wäre das nicht langweilig? Zum Glück ist jeder Mensch anders und sieht auch anders aus. Der eine ist besonders sportlich, der andere kann sehr gut singen. Es gibt lustige und ernste Menschen, manche sind mutig, manche ängstlich. Manche Menschen sind groß, andere klein, manche blond, manche schwarzhaarig. So einzigartig, wie jeder Mensch auf der Welt, seid auch ihr. Und genauso einzigartig ist der Quatsch, den wir gemeinsam geschrieben haben. Hört zu!

(Name) trägt auf ihrem/seinem Kopf viele (A) .... Haare. Damit kann man (A) .... Frisuren machen.

(Name) ist sehr (A) .... zu ihren/seinen Klassenkameradinnen und Klassenkameraden. Das finden alle (A) ....

(Name) hat in ihrem/seinem Gesicht (A) .... Augen. Die strahlen wie (N) ....

(Name) kann super auf (N) .... klettern. Sogar auf (N) .... ist sie/er schon geklettert.

(Name) ist manchmal äußerst (A) .... Das freut alle (N) ....

(Name) singt so schön wie (N) .... Vielleicht wird sie/er ein/e (A) .... Sänger/in.

(Name) hat eine (A) .... Handschrift. Sie/er ist ein/e (A) .... Schüler/in.

(Name) macht ihre/seine Hausaufgaben immer sehr (A) .... Darüber freut sich sein/seine (A) .... Direktor/in.

(Name) ist genauso witzig wie (N) .... Vielleicht wird sie/er ein/e (A) .... Komiker/in.

(Name) hat am Kopf zwei (A) .... Ohren. Damit kann sie/er besonders (A) .... hören.

(Name) kann so schnell rennen wie (N) .... Sie/er ist ein (A) .... Sportler/in.

(Name) spielt gern Fußball mit (N) .... Sie/er möchte ein (A) .... Fußballprofi werden.

(Name) kann prima (A) .... Geschichten erzählen. Vielleicht wird sie/er ein/e (A) .... Buchautor/in.

(Name) ist so stark wie (N) .... Sie/er kann drei (N) .... auf einmal hochheben.

(Name) ist meistens sehr (A) .... zu allen Lehrerinnen und Lehrern. Das freut besonders die/den (A) .... Klassenlehrer/in.

(Name) kann toll (N) .... malen. Die Bilder verschenkt sie/er an (A) .... Kinder.

(Name) ist ein/e (A) .... Rechner/in. Sie/er löst jede Aufgabe schnell wie (N) ....

(Name) kann viele (A) .... Zaubertricks. Die verrät sie/er nur den (A) .... Freunden.

(Name) spielt (A) .... auf einer Gitarre. Vielleicht gründet sie/er eine (A) .... Band.

(Name) kann mit ihrem/seinem (A) .... Arm ganz weit werfen. Besonders gern wirft sie/er (N) ....

(Name) ist ein/e (A) .... Schwimmer/in. Sie/er schwimmt schneller als (N) ....

(Name) kann tanzen wie (N) .... Sie/er ist schon vor (A) .... Publikum aufgetreten.

(Name) mag alle (A) .... Tiere. Sie/er möchte einmal in einem (A) .... Zoo arbeiten.

(Name) interessiert sich für (N) .... Darüber liest sie/er oft in (A) .... Büchern.

ck Wir fliegen jetzt ins Märchenland

Material: *keines*

So geht es:

- Lesen Sie die Reime ohne die in Klammern stehenden Reimwörter vor.
- Die Kinder ergänzen die Reimwörter während Ihres Vortrages im Chor.
- Danach lesen Sie jeweils nur die markierten Reimwörter eines Märchens vor und schreiben diese gleichzeitig an die Tafel. Die Kinder nennen den Namen des jeweiligen Märchens. Können die Kinder das Märchen anhand der zwei Reimwörter nicht erkennen, lesen Sie noch einmal den ganzen Reim vor.
- Sind alle Märchen erraten, fordern Sie die Kinder auf, herauszufinden, welche Gemeinsamkeit die Wörter an der Tafel haben. (ck)
- Lassen Sie die Kinder die Buchstabenkombinationen ck an der Tafel markieren.

Wir fliegen jetzt ins Märchenland.
Das kann so schwer nicht sein.
Und wer ein Wort erraten kann,
der ruft es ganz laut rein.

Wir landen weich auf einer Wiese
und vor uns, nur ein **Stück**,
läuft der Hans mit seiner Gans
und strahlt vor lauter … **(Glück)**.
(Hans im Glück)

Ein kleines liebes Mädchen
muss sich ständig **bücken**.
Sie wird bestimmt für Oma
ein Blumensträußchen … **(pflücken)**.
(Rotkäppchen)

Ein Schneider sitzt auf einer Bank
und näht an einem **Rock**.
Als sieben Fliegen ihn bedrängen,
bekommt er einen … **(Schock)**.
(Das tapfere Schneiderlein)

Da steht ein Bett, gewaltig groß.
Mit Matratzen ist's **bedeckt**.
Darunter hat die Königin
eine Erbse nur **ver… (steckt)**.
(Die Prinzessin auf der Erbse)

Vier tierische Gesellen,
die singen laut und **keck**.
Die Räuber hören's mit Grausen
und fliehen schnell vor … **(Schreck)**.
(Die Bremer Stadtmusikanten)

Tafelbild:		
das Stück das Glück	der Rock der Schock	keck der Schreck
bücken pflücken	bedeckt versteckt	

In-, Endlaut

ck Wir fliegen jetzt ins Märchenland

Ein Männlein spinnt das Stroh
mit Eifer und **Geschick**.
Doch sein eig'ner Name
bricht ihm das … **(Genick)**.
(Rumpelstilzchen)

Ein unscheinbarer Knüppel
springt aus einem **Sack**
und verjagt mit Freude
das böse **Diebes**… **(pack)**.
(Tischlein deck dich)

Ein Prinz kämpft sich mit seinem Schwert
durch hohe **Dornenhecken**.
Ein wunderschönes Mädchen
will er im Schlossturm … **(wecken)**.
(Dornröschen)

Eine böse Hexe
in ihrem Häuschen **hockt**.
Mit Zuckerwerk und Pfefferkuchen
sie die Kinder … **(lockt)**.
(Hänsel und Gretel)

Ein Ofen ruft um Hilfe.
Die Brote sind **gebacken**.
Ein Mädchen hört ihn bitten.
Wird es die Prüfung … **(packen)**?
(Frau Holle)

Den Kaiser hat soeben
die Eitelkeit **gepackt**.
Statt schöner neuer Kleider,
ist er einfach … **(nackt)**.
(Des Kaisers neue Kleider)

Tafelbild:

das Geschick das Genick	die Hecken wecken	gebacken packen
der Sack das Pack	hockt lockt	gepackt nackt

Weitere Idee:
Spielen Sie mit den Kindern „Stille Post“. Die Kinder setzen sich im Schneidersitz im Kreis auf den Boden. Jedes Kind sucht sich ein Wort von dem Tafelbild aus und bildet damit einen kurzen Satz. Nacheinander geben die Kinder ihren Satz flüsternd an ihr Nachbarkind weiter, bis er beim letzten Kind ankommt. Dabei müssen alle Kinder sehr leise und dennoch deutlich sprechen. Das letzte Kind sagt den angekommenen Satz laut. Stimmt er noch mit dem ausgedachten Satz des ersten Kindes überein?

Tipp:
Haben Sie eine leistungsstarke Klasse, erhöhen Sie die Anforderung und lassen Sie die Kinder einen Satz mit zwei oder drei Wörtern, die an der Tafel stehen, bilden.

Inlaut

au äu Folge den Spuren!

Material: *keines*

So geht es:

Fordern Sie die Kinder auf, während des Vorlesens der Geschichte genau zuzuhören und besonders auf die richtigen Formen von Einzahl und Mehrzahl der Nomen zu achten. Erkennen die Kinder eine falsche Form, sollen sie laut mit den Füßen auf den Boden stampfen und mit den Fäusten auf den Tisch trommeln. Dann stoppen Sie mit dem Vorlesen. Auf Ihr Handzeichen hören die Kinder mit Stampfen und Trommeln auf. Ein Kind nennt die richtige Form des Wortes. Sie wiederholen die entsprechende Wortgruppe mit dem richtigen Nomen und lesen anschließend weiter, bis die Kinder wieder stampfen und trommeln.

Tipp:
Proben Sie vorher mit den Kindern das sofortige Aufhören des Stampfens und Trommelns auf Ihr Handzeichen. Lassen Sie die Kinder mal kurz, mal länger Krach machen.

Paul erwachte sehr früh am Morgen. Es war noch alles ruhig im **Häuser (Haus)**. Alle schliefen noch in ihren Zimmern. Nur Paul war hellwach, denn Paul hatte heute seinen achten Geburtstag. Schon in der Nacht hatte er ganz unruhig geschlafen und einige seltsame **Traum (Träume)** gehabt. In einem Traum saß er vor einer riesigen Geburtstagstorte. Auf der Torte steckten Wiener Würstchen als Kerzen. Plötzlich krabbelten von allen Seiten grün leuchtende Raupen heran. Die hatten gewaltige **Maul (Mäuler)**. Darin steckten spitze Zähne und im Nu hatten die Raupen die Torte weggeraspelt. Paul wälzte sich in seinem Bett hin und her. Er versuchte wieder einzuschlafen. Erst lag er auf dem Rücken, dann drehte er sich auf seinen **Bäuche (Bauch)**. Vergeblich, er konnte einfach nicht mehr schlafen. Schließlich stand er auf. Schnell zog er seine Sachen an. Dann schlich er auf Zehenspitzen aus seinem Zimmer. Sein Ziel war ein ganz bestimmter **Räume (Raum)**: das Wohnzimmer. Dort, auf einem kleinen Tisch in der Ecke, wurden immer die Geschenke für das Geburtstagskind hingelegt. Er öffnete vorsichtig die Tür und entdeckte auf dem Tisch einen **Blumensträuße (Blumenstrauß)**. Wo war das Geschenk? Wo war das BMX-Rad? Nur das eine hatte er sich gewünscht. Neben dem Blumenstrauß lag ein Briefumschlag. Darauf stand sein Name. Paul öffnete ihn und las: „Folge den Spuren!“
Paul sah sich um. Was für Spuren? Da entdeckte er einen Faden am Tischbein. Paul folgte dem Faden am Boden. Er führte ihn durch die Küche und dann zum Hinterausgang des Hauses. Draußen führte der Faden hoch zur Fensterbank zu einem Blumenkasten. Darin hatte die Mutter viele verschiedene **Kraut (Kräuter)** gepflanzt. Zwischen den Kräutern entdeckte Paul einen weiteren Briefumschlag. Auf dem Zettel darin stand: „Suche den Ort, der die neusten Nachrichten beinhaltet!“
Paul kratzte sich am Kopf und las noch einmal. Dann, ganz plötzlich, wusste er es. Er rannte zum Briefkasten neben dem **Zäune (Zaun)**. Darin lag wieder ein Zettel: „Suche den Ort, an dem dein roter Bruder wächst!“
Jetzt verstand Paul gar nichts mehr. Wieso war sein Bruder rot? Und wieso wächst er? Sein großer Bruder Johannis war 20 Jahre alt und wuchs bestimmt nicht mehr. Johannis! Das war's! Der **Johannisbeersträucher (Johannisbeerstrauch)**!

Inlaut

au äu Folge den Spuren!

Dort fand Paul den nächsten Umschlag, öffnete ihn schnell und las: „Suche eine Zutat für deinen Lieblingskuchen!"
Diesmal war die Lösung für Paul einfach. Apfelkuchen aß er am liebsten. Mehl, Zucker oder Eier waren sicher nicht gemeint. Er war im Garten und sollte bestimmt zu dem alten **Apfelbäume (Apfelbaum)** gehen. Als Paul davorstand, sah er an einem der unteren Äste ein dickes Seil verknotet. Das Seil führte straff nach oben in den dichten großen Baum. Das andere Ende hing vom Knoten herab und lag auf der Wiese. Neben dem Knoten war die nächste Nachricht befestigt: „Löse den Knoten und halte das Seil dabei ganz fest!"
Paul überlegte nicht lange und öffnete mühsam den Knoten. Immer wieder rutschte er ab und verletzte dabei die **Häute (Haut)** an seinem rechten Zeigefinger. Doch er gab nicht auf. Endlich wurde der Knoten locker. Sofort merkte er, dass etwas am anderen Ende des Seiles hängen musste, denn das Seil rutschte ihm nach oben davon. Ziehen oder Seil nachgeben? Paul versuchte, an dem Seil zu ziehen.
Doch das war verdammt schwer. Also gab er Stück für Stück Seil nach. Im Baum raschelte und knackte es. Als er nach oben schaute, traute er seinen Augen kaum. Schräg über ihm schwebte, festgebunden an dem Seil, ein nagelneues BMX-Rad herab. Es sah genauso aus, wie er es sich gewünscht hatte.
„Juchu!", rief Paul ganz laut.
Und gleich darauf hörte er hinter sich seine Eltern sagen: „Herzlichen Glückwunsch zum Geburtstag!"

Weitere Ideen:

- Nennen Sie einzelne Nomen (nur das Grundwort) aus der Geschichte mit dem Zwielaut au in der Einzahl und fordern Sie die Kinder auf, zusammengesetzte Nomen zu bilden und diese mit dem entsprechenden Artikel in der Einzahl und in der Mehrzahl zu nennen, z. B.:
  - das Haus: das Wohnhaus – die Wohnhäuser, das Einfamilienhaus – die Einfamilienhäuser, das Baumhaus – die Baumhäuser
  - der Baum: der Weihnachtsbaum – die Weihnachtsbäume, der Kirschbaum – die Kirschbäume, der Birkenbaum – die Birkenbäume
- Nennen Sie andere Nomen mit dem Zwielaut au in der Einzahl *(z. B. der Schlauch, die Laus, die Sau, die Maus, die Braut, der Einkauf, die Faust)* und fordern Sie die Kinder auf, jeweils einen Satz in der Einzahl und in der Mehrzahl zu bilden.
- Nennen Sie Nomen aus der Geschichte mit dem Zwielaut au und fordern Sie die Kinder auf, neue Wörter mit der Endung -chen zu bilden *(z. B. das Haus – das Häuschen, das Maul – das Mäulchen, der Strauß – das Sträußchen)*.
- Nennen Sie folgende Verben mit dem Zwielaut au und fordern Sie die Kinder auf, daraus jeweils ein Nomen zu bilden, bei welchem aus dem Laut au der Laut äu wird *(z. B. laufen – der Läufer, rauben – der Räuber, kaufen – der Käufer)*.

ei Eine tolle Suppe

Material: *keines*

So geht es:
Stellen Sie den Kindern vor dem Vorlesen der Reimgeschichte die Frage: Welchen Zwielaut haben alle Reimwörter gemeinsam? (ei) Lesen Sie die Reimgeschichte ohne die in Klammern stehenden Reimwörter vor. Die Kinder ergänzen die Reimwörter während Ihres Vortrages im Chor. Danach beantworten die Kinder die Frage.

Heute woll'n wir Suppe kochen.
Ja, das habe ich versprochen.
Eine Nudelsuppe? **Nein**!
Ganz besonders soll sie … **(sein)**.
Zuerst müssen wir **vorbereiten**
und alle Zutaten **zer… (schneiden)**.
Ein großer Topf steht schon **bereit**.
Das Wasser kocht nach kurzer … **(Zeit)**.
Und was kommt in den Topf **hinein**?
Zuallererst ein Stück vom … **(Schwein)**,
dann eine Prise **Sonnenschein**
und ein langes **Spinnen… (bein)**.
Vier bunte Federn vom **Papagei**
und ein kleines **Hühner… (ei)**,
eine Tube **Bastelleim**,
ein nicht zu großer **Kiesel… (stein)**,
der Schaum von sieben rosa **Seifen**
und ein alter **Auto… (reifen)**.
Alles drin? Wie geht es **weiter**?
Nun rühren wir ganz froh und … **(heiter)**,
bis die Suppe ist ganz **heiß**
und dazu gibt es **Schoko… (eis)**.

Weitere Ideen:

- Lesen Sie jeweils einen Zweizeiler vor. Fordern Sie die Kinder auf, alle Wörter mit dem Zwielaut ei zu nennen und die Stellung des Lautes in jedem Wort zu bestimmen.
- Teilen Sie die Kinder in Kleingruppen. Ordnen Sie jeder Gruppe ein anderes zusammengesetztes Nomen zu. Wie viele andere Bestimmungswörter findet jede Gruppe zu dem Grundwort? Nachdem jede Gruppe ihre Wörter genannt hat, können die anderen Kinder weitere zusammengesetzte Nomen ergänzen:
  - der **Sonnenschein:** der Geldschein, der Heiligenschein, der Lichterschein …
  - das **Spinnenbein:** das Holzbein, das Stuhlbein, das Tischbein …
  - das **Hühnerei:** das Osterei, das Straußenei, das Marzipanei …
  - der **Bastelleim:** der Holzleim, der Papierleim, der Weißleim …
  - der **Kieselstein:** der Glücksstein, der Pflasterstein, der Sandstein …
  - der **Autoreifen:** der Fahrradreifen, der Haarreifen, der Gummireifen …
  - das **Schokoeis:** das Himbeereis, das Vanilleeis, das Schmelzeis …

Ei ei Herr Buntschuh, wie viele Eier hütest du?

Material: *keines*

So geht es:
Für dieses Spiel brauchen Sie viel Platz. Am besten führen Sie es im Freien durch. Spielen Sie es in einem Zimmer, räumen Sie mit den Kindern Tische und Stühle an die Seite. Markieren Sie zwei Linien im Abstand von ca. 8 bis 10 Metern. Lesen Sie die Geschichte vor.

Auf einem Bauernhof lebte eine große Familie. Da waren Oma und Opa, Mama und Papa und die sieben Kinder. Alle auf dem Bauernhof liebten ihre Tiere und davon gab es einige.
Irgendwann, vor langer Zeit, hatte der Opa angefangen, den Tieren lustige Namen zu geben. Von seiner Kuh, Frau Strullermilch, erzählte er noch heute. Nun durften die Kinder den neuen Tieren Namen geben. Und so gab es inzwischen einen Ziegenbock namens Meckerbart. Die zwei Katzen, die im Hof spielten, hießen Tatz und Latz. Das Schwein nannten alle Herr Ringelpups. Und der Hahn, der die Familie jeden Morgen weckte, hieß Herr Buntschuh.
Nur die vielen Hühner, die der Hahn gut bewachte, hatten keine Namen. Herr Buntschuh war ein ganz besonderer Hahn. Er konnte nicht nur sprechen, er konnte auch zählen. Täglich zählte er die Eier seiner Hühner, die sie in ihre Nester gelegt hatten und gab sie gar nicht gern her. Wenn die Kinder am Morgen mit dem Eierkorb in den Hühnerstall kamen, mussten sie den Hahn erst fragen: „Herr Buntschuh, Herr Buntschuh, wie viele Eier hütest du?"
Darauf sagte der Hahn die genaue Anzahl. Nun mussten die Kinder auf der Hut sein. War in der Zahl kein **„Ei"** versteckt, ließ Herr Buntschuh die Kinder alle Eier aus den Nestern nehmen. Doch war in der Zahl ein **„Ei"**, wurde der Hahn kampflustig und ging auf die Kinder los. Die mussten schnell Reißaus nehmen. Sie hatten ihren Spaß an dem Spiel. Gab es an einem Morgen keine Eier, gab es beim nächsten Mal umso mehr.
Und wenn ihr Lust habt, können wir das Spiel jetzt auch spielen.

So geht es weiter:
Erklären Sie den Kindern die Spielregeln: Herr Buntschuh, das Fängerkind, steht auf einer Seite, die anderen Kinder gegenüber. Sie rufen: „Herr Buntschuh, Herr Buntschuh, wie viele Eier hütest du?" Das Fängerkind nennt eine Zahl. Kommt darin nicht der Zwielaut ei vor (z. B. fünf, sieben, achtzehn) wechseln die Kinder und das Fängerkind unbehelligt die Seiten. Hat die genannte Zahl den Zwielaut ei (eins, zwei, drei und alle Zahlen in Kombination damit) müssen die Kinder schnell die Seite wechseln, ohne vom Fängerkind abgeschlagen zu werden. Die abgeschlagenen Kinder werden ebenfalls zu Fängerkindern und wechseln auf die entsprechende Seite. Das Frage-Antwort-Spiel mit dem Seitenwechsel wird so lange wiederholt, bis alle Kinder zu Fängerkindern geworden sind.

Tipp:
Legen Sie vor jedem Seitenwechsel eine andere Bewegungsform fest, welche beide Parteien ausführen müssen, z. B. schwimmen, hüpfen, rückwärtslaufen, Vierfüßlergang, robben, Tip-Top-Schritte.

An-, In-, Endlaut

Eu eu Es war einmal

Material: *keines*

So geht es:
Bevor Sie die Reimgeschichte vollständig vorlesen, bitten Sie die Kinder, die Lösung noch nicht zu nennen. Anschließend lassen Sie sich das Lösungswort von jedem Kind ins Ohr flüstern. Danach sprechen Sie alle Kinder an: „Das Lösungswort heißt …" und die Kinder ergänzen im Chor.

Es war einmal vor langer Zeit,
nicht gestern und nicht **heute**,
ein Dorf, ganz nah am Waldesrand,
da lebten hundert **Leute**.
Die Bauern waren fleißig,
von früh an bis um **neune**.
Sie taten ihre Arbeit
im Stall und in der **Scheune**.
Sie bestellten Felder,
wendeten das **Heu**,
ernteten und trennten
den Weizen von der **Spreu**.
Sie waren kräftig, waren fleißig,
ohne Arbeit je zu **scheuen**.
So konnten sich die Bauern
zur Erntezeit stets **freuen**.
Nur eines machte ihnen Angst,
den Menschen und den **Gäulen**,
wenn es immer wieder nachts
im Wald begann zu **heulen**.
Keiner wusste, was es war.
Vielleicht ein **Ungeheuer**?
Ein Drache mit neun Köpfen,
der wütet und spuckt **Feuer**?
Oder sind es schlimme Räuber,
eine ganze **Meute**,
die durch die Wälder streifen
auf Jagd nach fetter **Beute**?
Vielleicht war es ein Riese
mit einer dicken **Keule**?
Die schlug er sich wohl an den Kopf
und hatte nun 'ne **Beule**?
So entstanden stets Geschichten,
immer wieder **neu**.
Doch wer heulte in Wirklichkeit?
Ein Tier war's, groß und **scheu**.
Es hat ein Fell und scharfe Zähne,
nicht Federn wie die **Eulen**.
Diese Tiere hört man nachts,
wenn sie im Rudel **heulen**.

*(Lösungswort: **Wölfe**)*

Eu eu Es war einmal

Weitere Ideen:

- Stellen Sie den Kindern die Frage: Welche Märchen kennt ihr, in denen ein Wolf eine Rolle spielt?
  (Der Wolf und die sieben Geißlein, Rotkäppchen)
- Fragen Sie die Kinder: Welche Namen von Schriftstellern kennt ihr, die solche Geschichten und Märchen gesammelt, aufgeschrieben oder erfunden haben?
  (Brüder Grimm, Hans Christian Andersen, Wilhelm Hauff)
- Wer kann typische Begriffe und Redewendungen aus der Landwirtschaft erklären? *(die Scheune, das Feld bestellen, den Weizen von der Spreu trennen, Heu wenden)*
- Legen Sie an der Tafel eine Tabelle mit zwei Spalten für die Zwielaute **eu** und **äu** an. Tragen Sie darin folgende Wörter ein: die **Eule,** die **Leute,** das **Heu.** Fordern Sie die Kinder auf, möglichst viele Reimwörter zu finden und tragen Sie die genannten Wörter in die entsprechende Spalte ein. Markieren Sie die Zwielaute **eu** und **äu**. Fordern Sie die Kinder auf, von den gefundenen Wörtern, welche mit **äu** geschrieben werden, die Einzahl bzw. die Mehrzahl zu bilden oder verwandte Wörter zu suchen. Nutzen Sie die Ergebnisse zur Erklärung der Schreibweise.

Wörter mit eu	Wörter mit äu
die Eule, die Keule, die Beule, heule, **die Leute**, heute, die Meute, die Beute **das Heu**, die Spreu, neu, scheu, treu, die Streu	die Gäule, die Säule, die Fäule die Häute, die Bräute

Gut zu wissen:
Die Brüder Jacob und Wilhelm Grimm erforschten die deutsche Sprache und veröffentlichten vor über 200 Jahren ein sehr erfolgreiches Buch „Kinder- und Hausmärchen“, dem viele weitere Bücher folgten. Ihre Märchen sind auch heute noch bekannt und beliebt, z. B. „Der Wolf und die sieben Geißlein“, „Rapunzel“, „Hänsel und Gretel“, „Aschenputtel“ und „Frau Holle“.

Hans Christian Andersen war ein dänischer Schriftsteller, der vor über 100 Jahren gestorben ist. Noch heute ist er der berühmteste Schriftsteller seines Landes. Auch in Deutschland wurden viele seiner Märchen bekannt, z. B. „Die kleine Meerjungfrau“, „Das Feuerzeug“, „Die Prinzessin auf der Erbse“ und „Däumelinchen“.

Wilhelm Hauff war ein deutscher Schriftsteller, der vor ca. 200 Jahren lebte, aber leider sehr jung, mit 25 Jahren, gestorben ist. Auch seine Märchen sind noch immer bekannt, z. B. „Der kleine Muck“, „Das kalte Herz“ und „Zwerg Nase“.

ie Jeder macht heut', was er will

Material: *keines*

So geht es:
Sie lesen die Reime ohne die in Klammern stehenden Reimwörter vor. Die Kinder ergänzen die Reimwörter während Ihres Vortrages im Chor. Fordern Sie die Kinder auf, sich zu melden, wenn sie in der Reimgeschichte genannt werden möchten. Melden sich sehr viele Kinder, setzen Sie jeweils zwei Namen am Satzanfang ein. Meldet sich kein Kind, setzen Sie Vornamen von unbekannten Kindern ein.

Ich habe mir was ausgedacht,
was euch sicher Freude … (macht).
Jeder macht heut, was er will.
Ich schimpfe nicht. Ich bin ganz … (still).
(Name) klettert aufs **Klavier**.
(Name) verteilt das **Klo… (papier)**.
(Name) darf Schokolade **kriegen**.
(Name) meckert wie die … **(Ziegen)**.
(Name) trinkt ein großes **Bier**.
(Name) schläft wie ein **Murmel… (tier)**.
(Name) kann durchs Zimmer **fliegen**.
(Name) darf Besteck **ver… (biegen)**.
(Name) ist wie immer **lieb**.
(Name) trägt als Helm ein … **(Sieb)**.
(Name) sticht wie eine **Biene**.
(Name) verzieht nicht eine … **(Miene)**.
Wenn jeder täte, was er will,
wäre ich wohl doch nicht … (still).

Weitere Ideen:
- Teilen Sie die Kinder in Kleingruppen auf. Schreiben Sie zunächst ein Wort mit ie aus der Geschichte an die Tafel. Welche Gruppe findet die meisten Reimwörter? Sind die Kinder mit Freude dabei, suchen Sie weitere Wörter aus der Geschichte aus, z. B.:
  - das Klavier: das Papier, der Stier, die Gier, hier, vier …
  - kriegen: fliegen, biegen, liegen, die Ziegen, siegen, wiegen …
  - lieb: das Sieb, der Hieb, der Dieb …
  - die Bienen: die Mienen, die Schienen, dienen …
- Mit nur einem Buchstaben und dem ie kann man Wörter bilden. Welche? *(die, nie, sie, wie)*

In-, Endlaut

ie

Ein anstrengender Einkauf

Material:
ein Stempel

So geht es:

- Für dieses Spiel brauchen Sie viel Platz. Räumen Sie mit den Kindern Tische und Stühle zur Seite oder verlegen Sie es ins Freie bzw. in eine Turnhalle.
- Die Kinder finden sich paarweise in der Mitte des Raumes zusammen und stellen sich Rücken an Rücken. Jedes Paar hakt seine Arme ineinander.
- Legen Sie zwei entgegengesetzte Orte für das lange ie und das kurze i fest.
- Lesen Sie die Geschichte vor. Immer wenn Sie ein markiertes Wort am Satzende gelesen haben, stoppen Sie und wiederholen das letzte Wort langsam und deutlich. Jedes Paar muss entscheiden, ob das Wort mit ie oder i geschrieben wird und zu dem festgelegten Ort laufen.
- Sie überprüfen die Richtigkeit. Jedes Paar, welches richtig entschieden hat, bekommt einen Stempel auf den Handrücken oder auf den Arm.
- Anschließend gehen die Paare wieder Rücken an Rücken in die Mitte.
- Sie lesen weiter bis zum nächsten markierten Wort.
- Welches Paar kann die meisten Stempel sammeln?

Frau Müller fährt einkaufen und das ist kein **Spaziergang**. Heute muss Frau Müller ihre Kinder mitnehmen und davon hat sie **viele**. Da sind die Zwillinge Leon und Max, der kleine Paul und die allerkleinste: **Marie**. Frau Müller packt alles, was sie braucht, ins Auto: Körbe, Tüten und **Kisten**. Dann ruft sie die Kinder, die in ihren Zimmern **spielen**. Im Supermarkt angekommen, ist es vorbei mit dem **Frieden**. Der erste Streit **beginnt**. Wer darf im Einkaufswagen **sitzen**? Frau Müller setzt Marie und Paul **hinein**. In der Zeit rennt Leon zu den Obst- und Gemüseständen und nimmt sich ein Bund **Radieschen**. Max läuft seinem Bruder **hinterher**. Als Frau Müller die beiden entdeckt, beißt Max gerade in eine **Birne**. Oh, weh, die Verkäuferin guckt schon ganz **schief**. Schnell läuft Frau Müller zu ihren **Kindern**. Im selben Moment sieht sie ihren Mann kommen. Er fällt überall auf, denn er ist groß wie ein **Riese**. Er schnappt sich die beiden Ausreißer und nimmt sie auf den Arm, einen rechts, einen **links**.
Jetzt kann Frau Müller beruhigt den Einkaufswagen **schieben**. Sie kauft gelbe und rote **Paprika**. Außerdem braucht sie Tomaten, Gurken und **Sellerie**. Dann nimmt sie ein Netz mit **Zwiebeln**. Daneben liegen die **Pilze**. Die sind noch ganz **frisch**. Dann fährt sie weiter in die Kühlabteilung. Dort nimmt sie zuerst den Käse und die **Schmierwurst**. Für das Abendbrot braucht sie noch Butter und eine **Salami**. Nun fehlt noch das **Müsli**. Außerdem braucht sie noch Nudeln, Reis und **Milch**. Für ihren Mann kauft Frau Müller zwei Flaschen **Bier**. Und beinahe hätte sie den Opa vergessen. Der mag **Pralinen**. Für ihre Kinder kauft sie die Lieblingsnascherei, für jedes ein kleines Brot aus **Marzipan**.

Tipps:

- Diese Geschichte können Sie auch zum Üben des Buchstabens i nutzen.
- Haben Sie eine ungerade Kinderzahl, verteilt das übrig gebliebene Kind die Stempel.

An-, In-, Endlaut

Pf pf Der Lügentropf

Material: *keines*

So geht es:
Lesen Sie die Reimgeschichte vollständig vor. Danach lesen Sie nur die Aussagen des Lügentropfes vor und lassen die in Klammern stehenden Wörter weg. Die Kinder rufen die zu den Aussagen passenden Wörter laut im Chor. Unterbrechen Sie das Vorlesen nach dem 2. Absatz. Fragen Sie die Kinder, welche Gemeinsamkeit alle Reimwörter haben. (Alle Reimwörter sind durch das Hinzufügen der Buchstabenkombination **Pf/pf** im Anlaut entstanden.)
Dann lesen Sie die weiteren Aussagen des Lügentropfes ohne die in Klammern stehenden Wörter vor und die Kinder rufen wieder die passenden Wörter laut im Chor.

Kennt ihr schon den einen Mann, der nie die Wahrheit sagen kann?
Nein! Das ist der Lügentropf, der alles stets verdreht im Kopf.
Er erzählt die tollsten Sachen. Und wenn andere dann lachen,
verzieht er wütend das Gesicht und meint, dass er die Wahrheit spricht.
Nun hört euch selbst die Lügen an, denen man nicht trauen kann.

„Auf dem Blumenbeet wächst eine schöne **(Lanze)**.
Der Rittersmann auf seinem Pferd trägt eine schwere **(Pflanze)**.
Auf einer kleinen Wunde schützt ganz leicht ein **(Laster)**.
Auf der neuen Straße fahren Autos und auch **(Pflaster)**.
Vor eine schwere Kutsche spannt man starke **(Erde)**.
Zur Aussaat von Getreide braucht man gute **(Pferde)**.
Verkehrsregeln zu achten, ist für alle **(Licht)**.
Die Sonne hoch am Himmel bringt allen Menschen **(Pflicht)**.
Jeder sollte seine Zähne früh und abends **(legen)**.
Ein Huhn kann jeden Tag nur ein Ei **(pflegen)**.

Küken können **(hüpfen)**.
Kinder können **(schlüpfen)**.
An der Hose fehlt ein **(Topf)**.
Auf dem Herd steht ein **(Knopf)**.
Kaputte Strümpfe kann man **(klopfen)**.
An der Tür hört man es **(stopfen)**.
Jeder Baum hat einen **(Gipfel)**.
Ein Bergsteiger will hoch zum **(Wipfel)**.
Kartoffelbrei muss man gut **(dampfen)**.
Heißes Wasser wird stets **(stampfen)**.
Über einen Fuß zieht man einen **(Sumpf)**.
Ständig feuchtes Land nennt man einen **(Strumpf)**."

Doch wer recht helle ist im Kopf, der durchschaut den Lügentropf.
Denn wer clever ist und schlau, erkennt die Lügen ganz genau.

Pf pf Der Lügentropf

Weitere Ideen:

- Fordern Sie die Kinder auf, ebenfalls einen Lügensatz zu formulieren. Nutzen Sie dazu Wörter mit der Buchstabenkombination **Pf/pf** aus der Geschichte oder bieten Sie neue Wörter an.
  Variante 1: Die Kinder suchen sich selbst ein Wort aus, welches sie in ihren Satz einbauen.
  Variante 2: Sie geben ein Wort vor.
  Variante 3: Sie geben zwei oder drei Wörter vor.
- Üben Sie mit den Kindern das Erkennen der Buchstabenkombination **pf** in der Mitte oder am Ende eines Wortes durch Silbentrennung oder Verlängerung des Wortes. Wählen Sie einzelne Wörter aus und lassen Sie die Kinder die Silben langsam und deutlich sprechen, z. B.:
  - **klopfen** – klop-fen,
  - der **Zopf** (Wort verlängern) – die Zöpfe – die Zöp-fe.

Neue Wörter:
der Pfeil, der Schnupfen, die Pforte, der Apfel, der Pfau, der Napf, die Pflaume, der Zopf, der Tropfen, pfeifen, pflanzen, schimpfen, impfen, stapfen, tapfer, stumpf, dumpf

Tipp:
Für mehr Sicherheit bei der Silbentrennung hilft es manchen Kindern, die Silben zu sprechen und gleichzeitig für jede Silbe in die Hände zu klatschen.

In-, Endlaut

tz Eine putzige Mütze

Material: *keines*

So geht es:
Erklären Sie den Kindern, dass in der folgenden Geschichte viele Wörter mit der Buchstabenkombination tz vorkommen. Fordern Sie die Kinder auf, einmal schnell zu klatschen, wenn sie beim Vorlesen ein Wort mit tz hören. Sie lesen die Geschichte sehr langsam und deutlich artikuliert vor. Danach lesen Sie jeden Satz in normalem Sprechtempo vor und bitten alle Kinder, ihn gemeinsam im Chor nachzusprechen. Darauf folgt eine Schnellsprechrunde. Sie versuchen jeden Satz, möglichst frei, ganz schnell zu sprechen und einzelne oder alle Kinder sprechen ihn ganz schnell nach.

Eine pu**tz**ige Mü**tz**e si**tz**t tro**tz** schwi**tz**ender Hi**tz**e neben einer schmu**tz**igen Pfü**tz**e.
Plö**tz**lich bespri**tz**t die schmu**tz**ige Pfü**tz**e die pu**tz**ige Mü**tz**e.
Schnell wie der Bli**tz** fli**tz**t die Mü**tz**e von der Pfü**tz**e.
Mit einem Sa**tz**, ganz aufgekra**tz**t, he**tz**t sie nach einem neuen Pla**tz**.
Sie mag keinen Schmu**tz** und sucht deshalb Schu**tz**.
Die pu**tz**ige Mü**tz**e sieht eine nü**tz**liche Ri**tz**e.
Und glaubt es mir, es ist kein Wi**tz**, die Mü**tz**e stopft sich in den Schli**tz**.

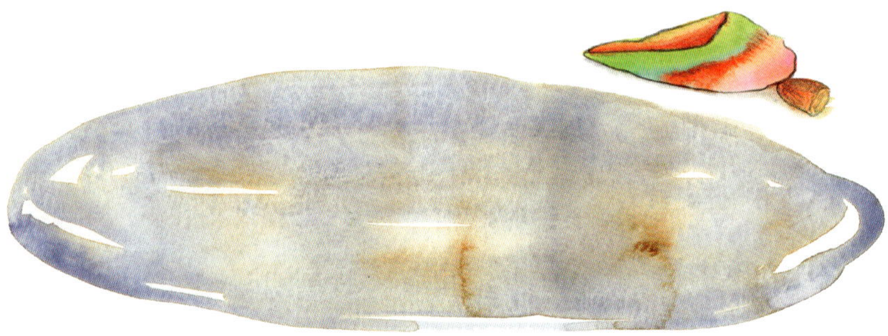

Weitere Ideen:
- Welche Reimwörter können die Kinder in der Geschichte finden?
- Gibt es noch weitere Reimwörter, die dazu passen?

Reimwörter aus der Geschichte:
pu**tz**ig – schmu**tz**ig
die Mü**tz**e – die Pfü**tz**e
der Sa**tz** – der Pla**tz**
der Schmu**tz** – der Schu**tz**
der Wi**tz** – der Schli**tz** – der Ri**tz**

weitere Reimwörter:
stu**tz**ig
die Grü**tz**e, der Schü**tz**e, die Stü**tz**e
der Scha**tz**, der La**tz**, der Fra**tz**
der Lu**tz**, der Pu**tz**
der Si**tz**, das Ki**tz**, spi**tz**

Tipp:
Bringen Sie eine lustige Mütze mit und setzen Sie diese vor dem Vorlesen auf.

In-, Endlaut

tz Moritz, Fritz und der Schatz

Material: *keines*

So geht es:
Sie sitzen mit den Kindern in einem Stuhlkreis und lesen den Anfang der Geschichte vor. Die Kinder denken sich den weiteren Geschichteninhalt aus. Jedes Kind erzählt der Reihe nach einen Satz der Geschichte weiter. Damit es eine lustige oder verrückte Geschichte wird, geben Sie jeweils ein Wort mit der Buchstabenkombination **tz** vor, welches das jeweilige Kind in seinen Satz einbaut. Bevor Sie damit beginnen, fordern Sie die Kinder auf, sich ihr Wort für eine spätere Aufgabe zu merken.

Moritz und Fritz sitzen im Bus. Ihr Ziel ist ein Abenteuerspielplatz in einem großen Waldgebiet. Dort waren sie schon oft, denn es gibt dort tolle Dinge zum Spielen, Experimentieren und Erkunden. Am besten gefallen Moritz und Fritz die Wassermatschanlage und die Kletterfelsen. Manchmal sind zwar viele andere Kinder dort, doch das stört die beiden nicht. Sind ihre Lieblingsstationen besetzt, erkunden sie eben erst das Höhlensystem oder gehen zum Schaukelboot.

Endlich hält der Bus an der Haltestelle und die beiden Jungen steigen aus. Auf einem Waldweg erreichen sie den Abenteuerspielplatz. Moritz und Fritz bleiben stehen und sehen sich an. Was ist hier los? Keine Menschenseele ist zu sehen. Es sind Ferien. Es ist schönes Wetter. Wo sind die ganzen Kinder hin? Was ist hier passiert?

Wörter, die Sie der Reihe nach nennen:
der Blitz, schwitzen, schmutzig, der Schatz, die Grütze, sitzen, nützlich, die Katze, putzen, Moritz, der Witz, hetzen, blitzen, die Pfütze, spitz, Fritz, petzen, der Spatz, fetzig, das Netz, wetzen, die Fratze, der Spielplatz, zuletzt

Tipp:
Haben Sie mehr als 24 Kinder, nennen Sie die Wörter **Moritz** und **Fritz** mehrmals.
Haben Sie weniger als 24 Kinder, lassen Sie beliebige Wörter weg.

Weitere Idee:
Fragen Sie alle Kinder nach dem Wort, das sie in ihren Satz eingebaut haben. Fordern Sie alle Kinder auf, aufzustehen und sich auf die Suche nach einem Kind mit einem Reimwort zu seinem eigenen Wort zu machen. Die Kinder sollen sich in Reimwortgruppen finden und zusammenstellen. Einige Kinder finden keine Reimwörter. Auch diese sollen eine Gruppe bilden. Haben sich alle Kinder gefunden, nennt jedes Kind einer Gruppe sein Wort laut und deutlich. Anschließend können Sie die Kinder zu einer gruppenweisen Schnellsprechrunde ihrer Wörter auffordern.

In-, Endlaut

ng

Die Schlange

Material: *keines*

So geht es:

Spielen Sie mit der Geschichte „Reise nach Jerusalem". Stellen Sie dazu mit den Kindern einen Stuhlkreis, wobei die Sitzflächen nach außen gerichtet sind. Aus Platzgründen ist auch eine doppelte Stuhlreihe, Lehne an Lehne, möglich. Es muss ein Stuhl weniger als mitspielende Kinder sein. Die Kinder bewegen sich in einer von Ihnen vorgegebenen Bewegungsform, z. B. laufen, hüpfen, Vierfüßlergang oder rückwärtslaufen, um den Stuhlkreis herum. Sie lesen die Geschichte vor. Hören die Kinder das Reaktionswort **Schlange**, setzen sie sich schnell auf einen freien Stuhl. Das Kind, welches keinen Platz findet, scheidet aus. Ein Stuhl wird entfernt und Sie lesen die Geschichte weiter vor.

Die Mädchen und Jungen der Klasse 1a wandern durch den Wald. Der Weg ist eng. Sie laufen hintereinander in einer **Schlange**. Der Klassenlehrer, Herr Hering, geht als Letzter, am Ende der **Schlange**. Er singt ein Lied. Das klingt schief und krumm. Auf einer Lichtung macht die Klasse eine Rast. Alle Kinder sind hungrig. Sie setzen sich rings um eine Birke. Herr Hering bringt allen Kindern eine süße **Gummischlange**. Ringo fasst sie mit spitzen Fingern an. Er hat Angst vor **Schlangen**. Doch diese **Schlange** wird ihm schmecken. Alle Kinder stillen ihren Hunger und essen ihren Proviant. Plötzlich springt Ringo auf. Er ruft: „Eine **Schlange**!" Die anderen Kinder lachen und wackeln mit ihren **Gummischlangen** herum. Ringo bekommt rote Wangen. „Wirklich", sagt er mit banger Stimme. „Dort, gleich an dem Abhang." Tim ruft: „Los! Wir fangen das Ding!" „Ja, **Schlangenjagd**", ruft ein Mädchen. „Stopp", sagt Herr Hering. „Wir laufen leise und langsam zu der **Schlange**. Ich mache den Anfang." Alle schleichen zum Abhang. Dort liegt, auf einem flachen Stein, wirklich eine **Schlange**. Sie ist nicht sehr lang. Am Hinterkopf hat die **Schlange** zwei orangefarbene, halbmondförmige Flecken. Der Klassenlehrer weiß viel über **Schlangen**. Er erzählt: „Das ist eine Ringelnatter. Diese **Schlangenart** ist ungefährlich. Sie ist noch jung. Ausgewachsen wird die **Schlange** doppelt so lang. Herr Hering erzählt über ihre Ernährung und über ihre Fortpflanzung. Er berichtet auch über die Kreuzotter, eine giftige **Schlange**. Und er weiß, dass die Blindschleiche eigentlich keine **Schlange** ist, sondern eine Echsenart. Je mehr Ringo über **Schlangen** erfährt, umso weniger Angst hat er. Die Ringelnatter auf dem Stein zeigt ihre Zunge. Sie züngelt umher. Plötzlich schlängelt die **Schlange** davon.

Weitere Ideen:

- Lesen Sie die Sätze einzeln und langsam vor. Lassen Sie die Kinder in jedem Satz alle Wörter mit der Buchstabenkombination ng bestimmen (unterstrichene Wörter) und deutlich sprechen.
- Welche Wörter enden mit -ung? *(die Lichtung, die Ernährung, die Fortpflanzung)*
- Spielen Sie das Spiel noch einmal und erklären Sie alle Wörter mit der Buchstabenkombination ng zu Reaktionswörtern.

Tipp:
Bringen Sie eine Tüte Gummischlangen mit und belohnen Sie nach dem Spiel alle Kinder.

In-, Endlaut

ng Mal eckig, mal rund

Material:
ein Stift und ein kleiner Zettel für jedes Kind

So geht es:
Verteilen Sie an jedes Kind einen Zettel. Die Kinder legen einen Stift bereit. Sie lesen das Rätsel vor. Die Kinder malen die Lösung auf. Kennen die Kinder bereits das ganze Alphabet, können sie das Lösungswort aufschreiben. Dann verwenden Sie im Rätseltext anstatt das Wort **malt** das Wort **schreibt**.
Jedes Kind tauscht mit seinem Nachbarkind den Zettel und überprüft die Richtigkeit. Sie sprechen alle Kinder an: „Das Lösungswort heißt …" und die Kinder ergänzen im Chor. Die Kinder mit dem richtigen Lösungswort melden sich.

Es gibt Wörter, die gleich klingen,
doch sind sie Namen von zwei Dingen.
Solch ein Wort erratet ihr,
bekommt noch ein paar Tipps von mir.
Und wer das Wort erkennt,
es noch nicht laut nennt.
Jeder malt/schreibt die Lösung auf,
auf den kleinen Zettel drauf.
Der eine, der ist nur zu sehen,
wenn wir zu einem Boxkampf gehen.
Darin boxen jeweils zwei,
der Schiedsrichter, der ist dabei.
Seile sind darum gespannt
und die Zuschauer warten gebannt,
wer im Zweikampf unterliegt
und wer nach vielen Runden siegt.
Der andere ist zart und klein,
kann aus Gold und Silber sein.
Für Kinder ist er meistens bunt.
Auf jeden Fall ist er stets rund.
Am Finger trägt man dieses Ding
und alle sagen dazu … **(Ring)**.

Weitere Ideen:

- Fragen Sie die Kinder, ob sie weitere Homonyme kennen *(z. B. das Schloss, die Bank, der Nagel, das Blatt, die Schlange, die Fliege)*. Klären Sie gemeinsam die verschiedenen Bedeutungen der genannten Wörter.
- Fordern Sie die Kinder auf, zu dem Wort der **Ring** möglichst viele verwandte Wörter zu finden *(z. B. ringen, der Ringer, die Ringerin, die Ringe, umringen)*.
- Fordern Sie die Kinder auf, Reimwörter zu dem Wort der **Ring** und der **Finger** zu finden *(z. B. der Ring – das Ding, er fing, er ging; der Finger – der Ringer, der Dünger)*.
  Schreiben Sie die Wörter an die Tafel und lassen Sie die Kinder die Buchstabenkombination **ng** markieren.

Tipp:
Legen Sie beim Vorlesen des letzten Wortes den Finger auf den Mund, um die Kinder zu erinnern, dass sie das Lösungswort nicht laut sagen sollen.

nk Im Lande Umgedreht

Material: *keines*

So geht es:
Sie lesen die Reimgeschichte vollständig vor. Danach lesen Sie jeweils einen Reim vor. Die Kinder berichtigen die falschen Aussagen, indem sie die Reimwörter vertauschen und den Reim richtig sprechen.

Im fernen Lande Umgedreht
alles etwas anders geht.
Alles wird verdreht, vertauscht.
Nun passt gut auf und lauscht!

Das Essen räumt man in die **Bank**.
Zum Ausruh'n sitzt man auf dem **Schrank**.
Frische Milch kann **stinken**.
Käse kann man **trinken**.
Den Blumenstrauß kann man **verrenken**.
Seinen Arm kann man **verschenken**.
Zum Abschied können Freunde **sinken**.
Bei Sturme können Schiffe **winken**.
Zwei Streithähne sind nur am **tanken**.
Die Lkws müssen stets **zanken**.
Zum Geburtstag gibt's **Gelenke**.
Und der Arzt röntgt die **Geschenke**.
Beim Abbiegen sollte man **hinken**.
Ein Verletzter kann auch **blinken**.
Wer Fieber hat, ist **schlank**.
Wer Sport treibt, der ist **krank**.
Mit dem Lenkrad kann man **denken**.
Das Gehirn kann super **lenken**.

So ist's im Lande Umgedreht.
Nun sagt mir, wie es richtig geht!

Weitere Ideen:
- Fragen Sie die Kinder, welche Buchstabenkombination die Reimwörter gemeinsam haben. **(nk)**
- Fordern Sie die Kinder auf, zu dem Wort das **Geschenk** möglichst viele verwandte Wörter zu finden *(z. B. die Geschenke, schenken, verschenken, beschenken, die Schenkung)*.
- Teilen Sie die Kinder in Kleingruppen auf. Fordern Sie die Gruppen auf, zusammengesetzte Nomen mit dem Wort der **Schrank** zu finden *(z. B. der Holzschrank, der Kühlschrank, der Kleiderschrank, der Werkzeugschrank)*. Welche Gruppe kann die meisten Wörter finden?

Kapitel 4: A bis Z

Abc-Merkspruch

Material: *keines*

So geht es:
Lesen Sie das Alphabet mit den dazugehörigen Reimen vor. Anschließend lesen Sie immer nur eine Buchstabenfolge und den Satzanfang vor. Die Kinder ergänzen den Satz gemeinsam im Chor.

ABCDE	Ein Schwein spaziert zum See.
FGH und IJK	Ein Ferkel ist schon da.
LMN und OPQ	Ein Wolf kommt noch dazu.
RST und UVW	Sie springen in den See
XY und Z	und schwimmen um die Wett'.

Weitere Ideen:
- Lesen Sie nur noch die Buchstabenfolgen einzeln vor. Die Kinder versuchen, den ganzen Reimsatz zu ergänzen.
- Teilen Sie die Kinder in zwei Gruppen. Eine Gruppe spricht mit Ihrer Hilfe im Hintergrund nur die Buchstabenfolgen, die andere Gruppe ergänzt die Reimsätze. Danach tauschen Sie die Aufgaben der Gruppen.
- Welches Kind möchte versuchen, das ganze Alphabet allein vorzutragen?
- Damit es nicht langweilig wird, können die Kinder die Reimsätze in verschiedenen Lautstärken oder Stimmungen sprechen *(z. B. geheimnisvoll, traurig, lustig)*.
- Fordern Sie die Kinder auf, sich allein oder mit einem Partnerkind einen neuen Reim auf eine Buchstabenfolge auszudenken und diesen vorzutragen. Lassen Sie dabei auch unsinnige Aussagesätze zu.

Abc-Abzählreim

Material: *keines*

So geht es:

- Die Kinder stehen im Stuhlkreis vor ihren Stühlen mit dem Gesicht zur Mitte.
- Sie lesen den Abzählreim vollständig vor. Dazu stellen Sie sich in die Kreismitte und zählen je Silbe die Kinder der Reihe nach ab, wobei Sie sich um die eigene Achse drehen.
- Das Kind, auf das Sie beim letzten Wort zeigen, ist als nächstes an der Reihe. Es stellt sich in die Kreismitte und versucht, mit Ihrer Sprechhilfe die Kinder abzuzählen.
- Hat diese Kind das nächste abgezählt, setzt es sich auf dessen Stuhl und dieses Kind ist an der Reihe, wobei es nur noch die stehenden Kinder abzählt.
- So wird der Abzählreim geübt, bis alle Kinder an der Reihe waren.

ABC	Bleib oder geh.
DEF	Ich bin jetzt der Chef.
GHI	Ein Elefant fliegt nie.
JKL	Ein Puma läuft sehr schnell.
MNO	Ein Stinktier braucht kein Klo.
PQR	Ein Krabbentier läuft quer.
STU	Eine Kuh macht Muh.
V und W	Ein Ziegenbock frisst Klee.
XYZ	Und du bist weg.

Weitere Ideen:

- Fordern Sie die Kinder auf, die Tiere aus dem Abzählreim durch andere Tiernamen zu ersetzen. Wenn Sie die Aufgabe schwieriger gestalten möchten, sollen die Kinder jeweils ein Tier mit der gleichen Silbenanzahl wie das Tier im Text wählen.
- Kreieren Sie mit den Kindern Ihren eigenen Abc-Abzählreim. Schreiben Sie die Buchstabenfolgen untereinander an die Tafel. Jeweils zwei oder drei Kinder denken sich gemeinsam einen Reim auf eine Buchstabenfolge aus. Danach tragen sie ihre Ergebnisse der Reihe nach zusammen.

Tipps:

- Wenn Sie den Abzählreim selbst frei vortragen können, ist die Motivation für die Kinder größer, ihn auch zu lernen.
- Beim Üben des Abzählreimes sollte die Kinderzahl nicht zu groß sein, da es sonst für die Kinder, die nicht an der Reihe sind, schnell langweilig wird.

Von A bis Z

Material:
ein Gegenstand, der ein kurzes, lautes Geräusch machen kann *(z. B. Hupe, Buzzer, Quietschente, Schlüsselbund …)*; fünf Hula-Hoop-Reifen *(alternativ mit Kreide Kreise auf den Boden malen)*; eine Buchstabenkarte aller 26 Buchstaben

So geht es:

- Legen Sie einen Reifen in die Mitte und verteilen Sie alle Buchstabenkarten darin und darum, sodass die Buchstaben lesbar sind. Ordnen Sie die anderen Reifen in gleichem Abstand in ca. 4 Metern voneinander um den Reifen in der Mitte an (vgl. Skizze).
- Teilen Sie die Kinder in vier Gruppen. Achten Sie dabei auf eine gute Mischung aus leistungsstarken und -schwachen Kindern. Jeweils ein Kind jeder Gruppe stellt sich in den Reifen, die anderen dahinter.

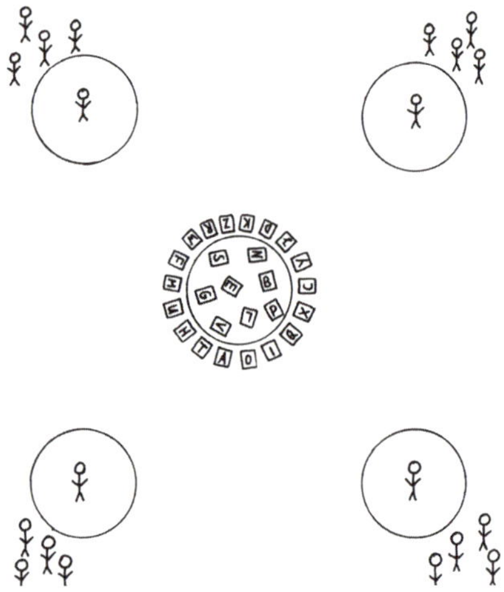

Tipps:

- Je weniger Karten in der Mitte liegen, desto einfacher wird das Herausfinden des fehlenden Buchstabens. Erhöhen Sie den Schwierigkeitsgrad durch Zusatzaufgaben, z. B. andere Bewegungsformen (auf einem Bein hüpfen, robben), z. B. alle Kinder einer Gruppe fassen sich an den Händen und holen den Buchstaben gemeinsam, wobei sie sich nicht loslassen dürfen, z. B. ein Kind nimmt ein anderes Kind huckepack.
- Diese Geschichte eignet sich auch für den Sportunterricht. In einer Turnhalle oder im Freien können Sie die Abstände zwischen den Reifen beliebig erweitern.

- Sie lesen jeweils einen Satz (siehe S. 93) ohne den zu erratenden Buchstaben vor und ersetzen ihn jedes Mal durch das Geräusch. Lassen Sie zwischen den Wörtern kleine Pausen, damit die Kinder die einzelnen Wörter erkennen können. Wiederholen Sie den Satz, wenn nötig, mehrmals.
- Jede Gruppe muss schnell herausfinden, welcher Buchstabe fehlt. Die Kinder einer Gruppe dürfen sich beraten.
- Hat die Gruppe den richtigen Buchstaben erkannt, läuft das Kind, welches im Reifen steht, zur Mitte und nimmt die entsprechende Buchstabenkarte auf. Das Kind hält die Karte hoch und dreht sich einmal um die eigene Achse, damit alle die Karte sehen können. Dann sagt es den vollständigen Satz.
- Ist die Lösung richtig, nimmt das Kind die Buchstabenkarte mit zu seiner Gruppe.
- Ist die Lösung falsch, legt das Kind die Karte wieder zurück und geht zu seiner Gruppe.
- Das nächste Kind jeder Gruppe stellt sich in den Reifen.
- Sie lesen den nächsten Satz vor.
- Welche Gruppe konnte am Ende die meisten Buchstabenkarten erobern?

Von A bis Z

T Mia feier heu e Gebur s ag.

K Sie be ommt Zir us arten von Oma geschen t.

R Da übe f eut sich Mia seh .

S ie möchte elb t gern Arti tin werden.

O Mias ma findet das gr ßartig.

G leich werden sie emeinsam los ehen.

I M a st schon mächt g aufgeregt.

Z ügig laufen die wei um irkusplat .

N Das bu te Zelt ist scho voller Me sche .

A Mi und ihre Om suchen sich einen Sitzpl tz.

C Ein lown verkauft ola und Pop orn.

U Er hat b nte Haare nd einen knallroten M nd.

L An seinem inken Arm hängt ein i a uftba on.

M Nebenbei acht er it seiner undhar onika usik.

D ann erscheint er Zirkus irektor.

Y Er sitzt auf einem Pon und hat einen Z linder auf dem Kopf.

V Der Direktor erbeugt sich und eröffnet die orstellung.

X Zuerst kommen zwei Bo er mit e tra großen Bo handschuhen.

Qu Sie machen atsch und jagen sich er durch die Manege.

J Die ongleure onglieren mit oghurtbechern.

B A er kein echer fällt auf den oden.

E ndlich komm n s chs Artist n in die Man g .

H offentlich alten die Seile, die oben an der Kuppel ängen.

F Mia klatscht Bei all und drückt est die Daumen.

W Sie staunt, ie undervoll sich die Artisten um die Seile inden.

P Mia ruft: „Su er! rima! erfekt!“

Abc-Fühlgeschichte

Material:
Tafel, Kreide, pro Kind ein Stift und ein Heft

So geht es:
- Zeichnen Sie die Skizze in der gleichen Anordnung an die Tafel.
  Jedes Kind zeichnet diesen Plan ebenfalls in sein Heft. (Größe: ½ Seite)

> **Tipp:**
> Weisen Sie die Kinder regelmäßig auf die Nummer des Kästchens hin, bei welchem Sie sich gerade befinden.

- Teilen Sie die Kinder in Paare auf.
- Jedes Paar stellt sich seine Stühle gegenüber (eine Rückenlehne zeigt zur Tafel).
- Ein Kind ist jeweils der/die Buchstaben-Erfühler*in. Es setzt sich verkehrtherum auf den Stuhl, sodass es die Tafel nicht sehen kann und hält Heft und Stift bereit. Das andere Kind ist jeweils der/die Buchstaben-Schreiber*in. Es setzt sich hinter den/die Erfühler*in, ebenfalls mit dem Rücken zur Tafel und legt Stift und Heft vorerst auf den Boden.
- Sie lesen die Geschichte vor. Die gesuchten Buchstaben werden von Ihnen durch ein kurzes Geräusch ersetzt, z. B. mit der Zunge schnalzen. Nach jedem dieser Sätze stoppen Sie und schreiben den jeweiligen Großbuchstaben der Reihe nach in Druckschrift in die Kästchen an der Tafel.
- Die Buchstaben-Schreiber*innen dürfen sich nach jedem Satz zur Tafel umdrehen und schreiben dann den gesuchten Buchstaben mit dem Finger auf den Rücken der Buchstaben-Erfühler*innen. Die Erfühler*innen schließen dabei die Augen, um konzentrierter fühlen zu können und nicht bei anderen Schreiber*innen abzuschauen.
- Die Buchstaben-Fühler*innen schreiben den erkannten Buchstaben ebenfalls in das erste Kästchen in ihrem Heft. Können sie den Buchstaben nicht erraten, kann der/die Schreiber*in ihn wiederholen. Errät er/sie den Buchstaben trotzdem nicht, streicht er/sie das Kästchen durch.
- Dann lesen Sie den nächsten Satz vor.
- In der Mitte der Geschichte, an der markierten Stelle, tauschen die Kinder jedes Paares ihre Aufgaben, d. h. sie tauschen ihre Plätze, nehmen Heft und Stift bzw. legen sie auf den Boden.
- Zum Abschluss vergleichen die Paare gegenseitig ihre eingetragenen Buchstaben mit denen an der Tafel. Jedes Kind bekommt für jeden richtigen Buchstaben einen Punkt und schreibt die Gesamtpunktzahl hinter das letzte Kästchen. Vergleichen Sie anschließend mit den Kindern die Ergebnisse.

Abc-Fühlgeschichte

Es ist mitten in der Nacht. Eigentlich müsste es in der Schule ganz leise sein. Doch so ist es nicht. Aus dem Klassenzimmer der Klasse 1b hört man viele laute Stimmen. Die Buchstaben, die an der Wand hängen, sind in Streit geraten. Jeder behauptet, er sei der tollste Buchstabe im Alphabet.

„Ich bin der nützlichste Buchstabe", schreit das … (E).
„Ich bin der größte Buchstabe", trompetet das … (J).
„Ich bestehe nur aus zwei Strichen", sagt das … (T).
„Ich bin wunderschön, wie ein Osterei", trällert das … (O).
„Ich bin ein seltener Buchstabe", brüstet sich das … (X).
„Ich stehe am Anfang des Alphabetes", triumphiert das … (A).
„Ich bin der stärkste Buchstabe", beschwert sich das … (W).
„Ich bin der berühmteste Buchstabe", protestiert das … (Q).
„Ich bin der fleißigste Buchstabe", behauptet das … (U).
„Mich ruft man, wenn das Essen nicht schmeckt", erklärt das … (I).
„Ich bin der sensationellste Buchstabe", posaunt das … (P).
„Ich bin der witzigste Buchstabe", säuselt das … (G).
„Ich bin der schnellste Buchstabe", lacht das … (D).

An dieser Stelle tauschen die Kinder ihre Plätze und Rollen!

„Ich habe zwei schöne runde Bäuche", meint das … (B).
„Ich bin der beste Buchstabe", meckert das … (M).
„Ich bin der netteste von allen", wispert das … (R).
„Ich bin der eleganteste Buchstabe", kichert das … (L).
„Ich bin der klügste Buchstabe", schimpft das … (F).
„Ich kann mich als Schlange tarnen", lispelt das … (S).
„Ich bin der schönste Buchstabe", spricht das … (H).
„Ich bin ein einfacher Bogen", nörgelt das … (C).
„Ich bin der schickste Buchstabe", nuschelt das … (V).
„Ich bin der mutigste Buchstabe", jauchzt das … (K).
„Mich spricht man ganz verschieden aus", flüstert das … (Y).
„Ich bin der sportlichste Buchstabe", mault das … (N).
„Und ich bin zwar der letzte Buchstabe im Alphabet,
doch ich finde, wir sind alle tolle Buchstaben", stellt das … (Z) fest.

Medientipps

Blumhagen, Doreen:
Mein ABC-Lapbook.
Kopiervorlagen zum Schneiden, Falten, Weitergestalten. Klasse 1/2.
Verlag an der Ruhr, 2018.
ISBN 978-3-8346-3792-5

Grabe, Astrid; Schmidt, Tanja:
ABC lernen mit Gedichten, Bildern und Arbeitsblättern. Klasse 1/2.
Verlag an der Ruhr, 1998.
ISBN 978-3-8607-2648-8

Hoffacker, Anna; Wüstefeld, Kathrin:
Mein Alphabetisierungs-Heft.
Selbstständiges Lernen für Deutsch-Anfänger in der Grundschule. Klasse 1–4 .
Verlag an der Ruhr, 2017.
ISBN 978-3-8346-3576-1

Jeuk, Stefan; Schäfer, Joachim:
Schriftsprache erwerben.
Didaktik für die Grundschule.
Verlag Cornelsen Pädagogik, 2019.
ISBN 978-3-589-16588-9

Maak, Angela; Barth, Katrin:
Deutsch mit dem ganzen Körper.
60 Bewegungsspiele für alle Bereiche des Deutschunterrichts. Klasse 1–4.
Verlag an der Ruhr, 2009.
ISBN 978-3-8346-0481-1

Redaktionsteam Verlag an der Ruhr:
70 Mini-Bücher zu Buchstaben und Zahlen.
Kopiervorlagen zum Schneiden, Falten und Weitergestalten. Klasse 1/2.
Verlag an der Ruhr, 2018.
ISBN 978-3-8346-3895-3

Schröder, Ute:
50 Mitmachgeschichten zur Sprachförderung.
Laute, Silben, Wörter im Anfangsunterricht spielerisch entdecken. Klasse 1 bis 2.
Verlag an der Ruhr, 2014.
ISBN 978-3-8346-2594-6

Wehren, Bernd:
Mit Wimmelbildern das ABC entdecken.
Erste Geschichten erzählen und aufschreiben. Klasse 1/2.
Verlag an der Ruhr, 2016.
ISBN 978-3-8346-3201-2